FRA MØRKET TIL HERREDØMME: 40 dage til at bryde fri fra mørkets skjulte greb

En global andagt om bevidsthed, befrielse og kraft

For enkeltpersoner, familier og nationer, der er klar til at blive frie

Ved

Zacharias Godseagle; Ambassador Monday O. Ogbe and Comfort Ladi Ogbe

Indhold

Om bogen – FRA MØRKET TIL HERREDØMME 1
Bagsidetekst 3
Mediepromovering i ét afsnit (presse/e-mail/annoncetekst) 4
Dedikation 6
Taksigelser 7
Til læseren 8
Sådan bruger du denne bog 10
Forord 13
Forord 15
Indledning 16
KAPITEL 1: DET MØRKE RIGES OPRINDELSE 19
KAPITEL 2: HVORDAN DET MØRKE RIGE FUNGERER I DAG 22
KAPITEL 3: INDGANGSPUNKTER – HVORDAN FOLK BLIR HÆNGIGE 25
KAPITEL 4: MANIFESTATIONER – FRA BESÆTTELSE TIL BESÆTTELSE 27
KAPITEL 5: ORDETS MAGT – DE TROENDES AUTORITET 29
DAG 1: BLODSLINJER & PORTE — AT BRYDE FAMILIELÆKKER 32
DAG 2: DRØMMEVANDINGER — NÅR NATTEN BLIV EN SLAGMARK 35
DAG 3: ÅNDELIGE ÆGTEFÆLLER — UHELLIGE FORBINDELSER, DER BINDER SKÆBNER 38
DAG 4: FORBANDEDE GENSTANDE – DØRE DER BESIREGER 41
DAG 5: FORTRYLLET OG BEDRAGET — AT BRYDE FRI FRA SPODSOMMENS ÅND 44
DAG 6: ØJETS PORTE – LUKNING AF MØRKETS PORTALER .. 47
DAG 7: KRAFTEN BAG NAVNE — AT GIVE AFKAST PÅ UHELLIGE IDENTITETER 50
DAG 8: AFSLØRING AF FALSK LYS — NEW AGE-FÆLDER OG ENGLEBEDRAG 53

DAG 9: BLODALTERET — PAGT DER KRÆVER ET LIV 56
DAG 10: GULDHED & BRUDDHED — NÅR LIVMODEREN BLIV EN SLAGMARK 59
DAG 11: AUTOIMMUNE LIDELSER & KRONISK TRÆTHED — DEN USYNLIGE INDRE KRIG 62
DAG 12: EPILEPSI & MENTAL TORMENT — NÅR SINDET BLIV EN SLAGMARK 65
DAG 13: FRYGTENS ÅND — AT BRYDE BURET AF USYNLIG PIGEN 68
DAG 14: SATANISKE MÆRKER — UDSLETNING AF DET UHELLIGE MÆRKE 71
DAG 15: SPEJLRIGEET — UNDSLIPNING FRA REFLEKTIONERNES FÆNGSEL 74
DAG 16: AT BRYDE ORDFORBANDELSERNE — AT GENKRÆVE DIT NAVN, DIN FREMTID 77
DAG 17: BEFRIELSE FRA KONTROL OG MANIPULATION 80
DAG 18: AT BRYDNE MAGTET I UFORLIGELSE OG BITTERHED 83
DAG 19: HELING FRA SKAM OG FORDØMMELSE 86
DAG 20: HUSHOLDNINGSHEKSERI — NÅR MØRKET BO UNDER SAMME TAG 89
DAG 21: JEZEBEL-ÅNDEN — FORFØRSEL, KONTROL OG RELIGIØS MANIPULATION 92
DAG 22: PYTONER OG BØNNER — AT BRYDE INDSNÆVNINGENS ÅND 96
DAG 23: URETTIGHEDENS TRONER — NEDRIVNING AF TERRITORIALE FÆSTNINGER 99
DAG 24: SJÆLEFRAGMENTER — NÅR DELE AF DIG MANGLER 102
DAG 25: FORBANDELSEN FOR MÆRKELIGE BØRN — NÅR SKÆBNER BYTTES VED FØDSELEN 105
DAG 26: SKJULTE MAGTALTRE — AT BRYDE FRI FRA ELITE OKKULTISKE PAGT 108
DAG 27: UHELLIGE ALLIANCE — FRIMURERI, ILLUMINATI & ÅNDELIG INFILTRATION 111

DAG 28: KABBALAH, ENERGINETTE OG LOKKET AF MYSTISK "LYS" 114

DAG 29: ILLUMINATIS SLØR — AFSLØRING AF DE ELITE OKKULTE NETVÆRK 117

DAG 30: MYSTERIESKOLERNA — GAMLE HEMMELIGHEDER, MODERNE TRÆNDSKAB 120

DAG 31: KABBALAH, HELLIG GEOMETRI & ELITE LYSBEDRIG 123

DAG 3 2: SLANGEÅNDEN I DET INDENI — NÅR BEFRIELSEN KOMMER FOR SENT 127

DAG 33: SLANGEÅNDEN I DIG — NÅR BEFRIELSEN KOMMER FOR SENT 131

DAG 34: FRURERE, KODEKS & FORBANDELSER — Når broderskab bliver trældom 135

DAG 35: HEKSE I BÆNENE — NÅR ONDSKABET KOMMER IND GENNEM KIRKEDØRENE 139

DAG 36: KODEDE BRYLDSLER — NÅR SANGE, MODE OG FILM BLIV PORTALER 142

DAG 37: MAGTENS USYNLIGE ALTRE — FRIMURERE, KABBALAH OG OKKULTE ELITTER 146

DAG 38: LIVMODERPAGTER & VANDRIGER — NÅR SKÆBNEN ER BESVÆRNET FØR FØDSELEN 150

DAG 39: VANDDØBT I TRÆNDSKAB — HVORDAN SPÆDBØRN, INITIALER OG USYNLIGE PAGT ÅBNER DØRE 154

DAG 40: FRA BEFREDER TIL BEFREDER — DIN SMERTE ER DIN ORDINATION 158

360° DAGLIG ERKLÆRING OM BEFRIELSE OG HERREGÆLD - Del 1 161

360° DAGLIG ERKLÆRING OM BEFRIELSE OG HERREGÆLD - Del 2 163

360° DAGLIG ERKLÆRING OM BEFRIELSE OG HERREGØRELSE - Del 3 167

KONKLUSION: FRA OVERLEVELSE TIL SØNNEKAP — AT FORBLIVE FRI, LEVE FRI, SÆTTE ANDRE FRI 171

Hvordan man bliver født på ny og starter et nyt liv med Kristus 174

Mit frelsesøjeblik 176
Certifikat for nyt liv i Kristus 177
FORBIND DIG MED GUDS EAGLE MINISTRIES 178
ANBEFALEDE BØGER OG RESSOURCER 180
BILAG 1: Bøn for at opdage skjult hekseri, okkulte praksisser eller mærkelige altre i kirken 194
BILAG 2: Medieafkalds- og udrensningsprotokol 195
BILAG 3: Frimureri, Kabbalah, Kundalini, Hekseri, Okkult Forsagelsesskrift 196
BILAG 4: Guide til aktivering af salveolie 197
BILAG 6: Videoressourcer med vidnesbyrd til åndelig vækst 198
SIDSTE ADVARSEL: Du kan ikke lege med dette 199

Ophavsretsside

FRA MØRKET TIL HERREGØRELSE: 40 dage til at bryde fri fra mørkets skjulte greb – En global andagt om bevidsthed, befrielse og kraft

Af Zacharias Godseagle , Comfort Ladi Ogbe & ambassadør mandag O. Ogbe

Copyright © 2025 af **Zacharias Godseagle og God's Eagle Ministries – GEM**

Alle rettigheder forbeholdes.

Ingen del af denne publikation må reproduceres, lagres i et søgesystem eller transmitteres i nogen form eller på nogen måde – elektronisk, mekanisk, fotokopiering, optagelse, scanning eller på anden måde – uden forudgående skriftlig tilladelse fra udgiverne, undtagen i tilfælde af korte citater indeholdt i kritiske artikler eller anmeldelser.

Denne bog er et faglitterært og andagtsagtigt værk. Nogle navne og identificerende detaljer er blevet ændret af hensyn til privatlivets fred, hvor det er nødvendigt.

Citater fra skriftsteder er taget fra:

- *New Living Translation (NLT)* , © 1996, 2004, 2015 af Tyndale House Foundation. Brugt med tilladelse. Alle rettigheder forbeholdes.

Omslagsdesign af GEM TEAM
Indretning af GEM TEAM
Udgivet af:
Zacharias Godseagle & God's Eagle Ministries – GEM
www.otakada.org [1] | ambassador@otakada.org
Første udgave, 2025
Trykt i USA

---

1. http://www.otakada.org

Om bogen – FRA MØRKET TIL HERREDØMME

FRA MØRKET TIL HERREGØRELSE: 40 dage til at bryde fri fra mørkets skjulte greb - *En global andagt om bevidsthed, befrielse og kraft - For enkeltpersoner, familier og nationer, der er klar til at blive frie* er ikke bare en andagt – det er et 40-dages globalt befrielsesmøde for **præsidenter, premierministre, præster, kirkearbejdere, administrerende direktører, forældre, teenagere og enhver troende**, der nægter at leve i stille nederlag.

Denne kraftfulde 40-dages andagt omhandler *åndelig krigsførelse, befrielse fra forfædrenes altre, at bryde sjælebånd, at afsløre okkult vidnesbyrd og at læse globale vidnesbyrd fra eks-hekse, tidligere satanister* og dem, der har overvundet mørkets magter.

Uanset om du **leder et land**, **er præst i en kirke**, **driver en virksomhed** eller **kæmper for din familie i bønnekammeret**, vil denne bog afsløre, hvad der har været skjult, konfrontere det, der er blevet ignoreret, og give dig mulighed for at bryde fri.

En 40-dages global andagt om bevidsthed, befrielse og kraft
På disse sider vil du møde:

- Blodlinjeforbandelser og forfædrepagter
- Åndeægtefæller, marineånder og astral manipulation
- Frimureri, kabbalah, kundalini-opvågninger og heksekunstaltre
- Børneindvielser, prænatal indvielse og dæmoniske bærere
- Medieinfiltration, seksuelt traume og sjælsfragmentering
- Hemmelige selskaber, dæmonisk kunstig intelligens og falske vækkelsesbevægelser

Hver dag indeholder:

- En virkelig historie eller et globalt mønster
- Indsigt baseret på Skriften
- Gruppe- og personlige anvendelser
- Befrielsesbøn + refleksionsdagbog
Denne bog er til dig, hvis du er:

- En **præsident eller politiker,** der søger åndelig klarhed og beskyttelse for sin nation
- En **præst, forbeder eller kirkearbejder,** der kæmper mod usynlige kræfter, der modstår vækst og renhed
- En **administrerende direktør eller virksomhedsleder** står over for uforklarlig krigsførelse og sabotage
- En **teenager eller studerende** plaget af drømme, pine eller mærkelige hændelser
- En **forælder eller omsorgsperson,** der bemærker spirituelle mønstre i din blodslinje
- En **kristen leder** træt af endeløse bønnecyklusser uden gennembrud
- Eller blot en **troende, der er klar til at gå fra overlevelse til sejrrigt herredømme**

Hvorfor denne bog?

Fordi i en tid, hvor mørket bærer lysets maske, **er udfrielse ikke længere valgfri**.

Og **magten tilhører de informerede, de udstyrede og de overgivne**.

Skrevet af Zacharias Godseagle , ambassadør Monday O. Ogbe og Comfort Ladi Ogbe , dette er mere end blot undervisning – det er et **globalt vækkekald** til Kirken, familien og nationerne om at rejse sig og kæmpe imod – ikke i frygt, men i **visdom og autoritet**.

Du kan ikke disciplegøre det, du ikke har leveret. Og du kan ikke vandre i herredømme, før du bryder fri fra mørkets greb.

Bryd cyklusserne. Konfronter det skjulte. Tag din skæbne tilbage – én dag ad gangen.

Bagsidetekst

FRA MØRKET TIL HERREDØMME
40 dage til at bryde fri fra mørkets skjulte greb
En global andagt om bevidsthed, befrielse og kraft

Er du **præsident**, **præst**, **forælder** eller en **bedende troende** – desperat efter varig frihed og et gennembrud?

Dette er ikke bare en andagt. Det er en 40-dages global rejse gennem de usete slagmarker med **forfædres pagter, okkult trældom, marine ånder, sjælefragmentering, medieinfiltration og meget mere**. Hver dag afslører virkelige vidnesbyrd, globale manifestationer og brugbare befrielsesstrategier.

Du vil afdække:

- Hvordan åndelige porte åbnes – og hvordan man lukker dem
- De skjulte rødder til gentagen forsinkelse, pine og trældom
- Kraftfulde daglige bønner, refleksioner og gruppeanvendelser
- Sådan opnår du **herredømme**, ikke bare befrielse

Fra **heksekunstaltre** i Afrika til **new age-bedrag** i Nordamerika ... fra **hemmelige selskaber** i Europa til **blodpagter** i Latinamerika – **denne bog afslører det hele**.

FRA MØRKET TIL HERREGÅENDE er din køreplan til frihed, skrevet til **præster, ledere, familier, teenagere, professionelle, administrerende direktører** og alle, der er trætte af at cykle gennem krig uden sejr.

"Du kan ikke lære det, du ikke har leveret. Og du kan ikke vandre i herredømme, før du bryder fri fra mørkets greb."

Mediepromovering i ét afsnit (presse/e-mail/ annoncetekst)

FRÅ MØRKE TIL HERREGÅENDE: 40 dage til at bryde fri fra mørkets skjulte greb er en global andagt, der afslører, hvordan fjenden infiltrerer liv, familier og nationer gennem altre, blodslinjer, hemmelige selskaber, okkulte ritualer og hverdagens kompromiser. Med historier fra alle kontinenter og kampprøvede befrielsesstrategier er denne bog for præsidenter og præster, administrerende direktører og teenagere, hjemmegående og spirituelle krigere – alle, der er desperate efter varig frihed. Den er ikke kun til læsning – den er til at bryde lænker.

Foreslåede tags

- befrielsesandagt
- åndelig krigsførelse
- eks-okkulte vidnesbyrd
- bøn og faste
- bryde generationsforbandelser
- frihed fra mørket
- Kristen åndelig autoritet
- marine ånder
- kundalini-bedrag
- hemmelige selskaber afsløret
- 40 dages levering

 # Hashtags til kampagner
#MørkeTilHerredømme
#BefrielseAndagt
#BrydLænderne

#FrihedGennemKristus
#GlobalOpvågnen
#SkjulteSlagAfsløret
#BedForAtBrydeFri
#SpirituelKrigsførelseBog
#FraMørkeTilLys
#KongerigetsMyndighed
#IngenMereBondage
#EksOkkultVidnesbyrd
#KundaliniAdvarsel
#MarineSpiritsAfsløret
#40DageAfFrihed

Dedikation

Til ham, som kaldte os ud af mørket til sit underfulde lys –
Jesus Kristus, vores befrier, lysbærer og herlighedens konge.

Til enhver sjæl, der råber i stilhed – fanget af usynlige lænker, hjemsøgt af drømme, plaget af stemmer og kæmpende mod mørket på steder, hvor ingen ser – denne rejse er for dig.

Til **præsterne**, **forbønnerne** og **vægterne på muren**,

til **mødrene**, der beder natten igennem, og **fædrene**, der nægter at give op,

til den **unge dreng**, der ser for meget, og den **lille pige**, der er mærket af ondskab for tidligt,

til **administrerende direktører**, **præsidenter** og **beslutningstagere**, der bærer usynlige vægte bag den offentlige magt,

til **kirkearbejderen,** der kæmper med hemmelig trældom, og den **åndelige kriger**, der tør kæmpe imod –

Dette er jeres kald til at rejse jer.

Og til de modige, der delte deres historier – tak. Jeres ar sætter nu andre fri.

Må denne andagt lyse en vej gennem skyggerne og lede mange til herredømme, helbredelse og hellig ild.

Du er ikke glemt. Du er ikke magtesløs. Du blev født til frihed.

— *Zacharias Godseagle, ambassadør mandag O. Ogbe & Comfort Ladi Ogbe*

Taksigelser

Først og fremmest anerkender vi **Gud den Almægtige – Fader, Søn og Helligånd**, Lysets og Sandhedens Ophavsmand, som åbnede vores øjne for de usynlige kampe bag lukkede døre, slør, prædikestole og platforme. Til Jesus Kristus, vores Befrier og Konge, giver vi al ære.

Til de modige mænd og kvinder verden over, som delte deres historier om pine, triumf og forvandling – jeres mod har antændt en global bølge af frihed. Tak fordi I brød stilheden.

Til de tjenestefolk og vægtere på muren, som har arbejdet i skjulte steder – undervist, forbøn, udfriet og skelnet – vi ærer jeres vedholdenhed. Jeres lydighed fortsætter med at nedbryde fæstninger og afsløre bedrag i det høje.

Til vores familier, bønnepartnere og støtteteams, der stod sammen med os, mens vi gravede gennem åndelige ruiner for at afdække sandheden – tak for jeres urokkelige tro og tålmodighed.

Til forskere, YouTube-udsagn, whistleblowere og krigere fra riget, der afslører mørket gennem deres platforme – jeres dristighed har næret dette arbejde med indsigt, åbenbaring og vigtighed.

Til **Kristi Legeme** : Denne bog er også din. Må den vække i dig en hellig beslutning om at være årvågen, skarpsindig og frygtløs. Vi skriver ikke som eksperter, men som vidner. Vi står ikke som dommere, men som de forløste.

Og endelig, til **læserne af denne andagt** – søgende, krigere, præster, befrielsespræster, overlevende og sandhedselskende fra alle nationer – må hver side give jer kraft til at bevæge jer **Fra mørke til herredømme** .

— **Zacharias Godseagle**
— **Ambassadør mandag O. Ogbe**
— **Trøst Ladi Ogbe**

Til læseren

D ette er ikke bare en bog. Det er et kald.
En opfordring til at afdække det, der længe har været skjult – til at konfrontere de usynlige kræfter, der former generationer, systemer og sjæle. Uanset om du er en **ung søgende**, en **præst slidt op af kampe, du ikke kan navngive**, en **erhvervsleder, der kæmper mod natteskræk**, eller et **statsoverhoved, der står over for et uophørligt nationalt mørke**, er denne andagt din **guide ud af skyggerne**.

Til **individet** : Du er ikke skør. Det, du fornemmer – i dine drømme, din atmosfære, din blodslinje – kan faktisk være åndeligt. Gud er ikke bare en helbreder; Han er en befrier.

Til **familien** : Denne 40-dages rejse vil hjælpe dig med at identificere mønstre, der længe har plaget din slægt – afhængighed, utidige dødsfald, skilsmisser, ufrugtbarhed, mental pine, pludselig fattigdom – og give dig værktøjerne til at bryde dem.

Til **kirkeledere og præster** : Må dette vække en dybere dømmekraft og mod til at konfrontere åndernes verden fra prædikestolen, ikke kun fra talerstolen. Befrielse er ikke valgfri. Det er en del af missionsbefalningen.

Til **administrerende direktører, iværksættere og professionelle** : Åndelige pagter opererer også i bestyrelseslokaler. Dediker din virksomhed til Gud. Riv forfædres altre ned, forklædt som forretningsheld, blodpagter eller frimurergunst. Byg med rene hænder.

Til **vægterne og forbønsmændene** : Jeres årvågenhed har ikke været forgæves. Denne ressource er et våben i jeres hænder – for jeres by, jeres region, jeres nation.

Til **præsidenter og premierministre** , hvis dette nogensinde når jeres skrivebord: Nationer styres ikke kun af politikker. De styres af altre – rejst i hemmelighed eller offentligt. Indtil de skjulte fundamenter tages op, vil fred forblive uhåndgribelig. Må denne andagt bevæge jer mod en generationsreformation.

Til den **unge mand eller kvinde,** der læser dette i et desperat øjeblik: Gud ser dig. Han valgte dig. Og han trækker dig ud – for altid.

Dette er din rejse. En dag ad gangen. En kæde ad gangen.

Fra mørke til herredømme — det er din tid.

Sådan bruger du denne bog

FRA MØRKET TIL HERREDØMME: 40 dage til at bryde fri fra mørkets skjulte greb er mere end en andagt – det er en befrielsesmanual, en spirituel detox og en træningslejr til krigsførelse. Uanset om du læser alene, med en gruppe, i en kirke eller som leder, der vejleder andre, kan du her se, hvordan du får mest muligt ud af denne kraftfulde 40-dages rejse:

Daglig rytme

Hver dag følger en ensartet struktur, der hjælper dig med at engagere ånd, sjæl og krop:

- **Hovedandagtsundervisning** – Et åbenbaringstema, der afslører skjult mørke.
- **Global kontekst** – Hvordan denne styrke manifesterer sig rundt om i verden.
- **Historier fra det virkelige liv** – Ægte befrielsesmøder fra forskellige kulturer.
- **Handlingsplan** – Personlige spirituelle øvelser, forsagelse eller erklæringer.
- **Gruppeanvendelse** – Til brug i små grupper, familier, kirker eller befrielsesteams.
- **Nøgleindsigt** – En destilleret takeaway at huske og bede ind i.
- **Refleksionsjournal** – Hjertespørgsmål til at bearbejde hver sandhed dybt.
- **Befrielsesbøn** – Målrettet åndelig krigsførelsesbøn for at bryde fæstninger.

Hvad du skal bruge

- Din **Bibel**
- En **dedikeret dagbog eller notesbog**
- **Salveolie** (valgfri, men kraftig under bønner)
- Villighed til at **faste og bede,** som Ånden leder
- **Ansvarlighedspartner eller bønneteam** for dybere sager

Sådan bruges det med grupper eller kirker

- Mødes **dagligt eller ugentligt** for at diskutere indsigter og lede bønner sammen.
- Opfordr medlemmerne til at udfylde **refleksionsjournalen** inden gruppemøderne.
- Brug sektionen **for gruppeansøgninger** til at starte diskussioner, bekendelser eller fælles befrielsesøjeblikke.
- Udpeg trænede ledere til at håndtere mere intense manifestationer.

For præster, ledere og befrielsespræster

- Undervis i de daglige emner fra prædikestolen eller på befrielsesskoler.
- Udstyr dit team til at bruge denne andagt som en vejledning i rådgivning.
- Tilpas sektioner efter behov til åndelig kortlægning, vækkelsesmøder eller bønneindsamlinger i byen.

Bilag at udforske

I slutningen af bogen finder du effektive bonusressourcer, herunder:

1. **Daglig erklæring om total befrielse** – Sig dette højt hver morgen og aften.
2. **Guide til medieafsavn** – Afgift dit liv fra åndelig besmittelse i underholdning.
3. **Bøn om at skelne skjulte altre i kirker** – For forbedere og kirkearbejdere.
4. **Frimureri, Kabbalah, Kundalini og okkult forsagelsesskrift** –

Kraftfulde omvendelsebønner.
5. **Tjekliste for massebefrielse** – Bruges i korstog, husfællesskaber eller personlige retræter.
6. **Links til vidneudsagnsvideoer**

Forord

Der er en krig – uudtalt, uudtalt, men voldsomt virkelig – der raser om sjælene hos mænd, kvinder, børn, familier, samfund og nationer.

Denne bog blev ikke født af teori, men af ild. Fra grædende befrielsesrum. Fra vidnesbyrd hvisket i skygger og råbt fra hustage. Fra dybdegående studier, global forbøn og en hellig frustration over overfladisk kristendom, der ikke formår at håndtere rødderne **af det mørke,** der stadig vikles ind i de troende.

Alt for mange mennesker er kommet til korset, men slæber stadig med lænker. Alt for mange præster prædiker frihed, mens de i hemmelighed plages af dæmoner af begær, frygt eller forfædres pagter. Alt for mange familier er fanget i cyklusser – af fattigdom, perversion, afhængighed, ufrugtbarhed, skam – og **ved ikke hvorfor**. Og alt for mange kirker undgår at tale om dæmoner, hekseri, blodaltre eller befrielse, fordi det er "for intenst".

Men Jesus undgik ikke mørket – han **konfronterede det**.

Han ignorerede ikke dæmoner – han **kastede dem ud**.

Og han døde ikke bare for at tilgive dig – han døde for at **befri dig**.

Denne 40-dages globale andagt er ikke et tilfældigt bibelstudium. Det er et **spirituelt operationsrum**. En dagbog om frihed. Et kort ud af helvede for dem, der føler sig fanget mellem frelse og sand frihed. Uanset om du er en teenager bundet af pornografi, en førstedame plaget af drømme om slanger, en premierminister plaget af forfædres skyld, en profet, der skjuler hemmelig trældom, eller et barn, der vågner op fra dæmoniske drømme – denne rejse er for dig.

Du vil finde historier fra hele verden – Afrika, Asien, Europa, Nord- og Sydamerika – der alle bekræfter én sandhed: **Djævelen gør ikke forskel på folk**. Men det gør Gud heller ikke. Og hvad han har gjort for andre, kan han gøre for dig.

Denne bog er skrevet til:

- **Personer,** der søger personlig befrielse
- **Familier,** der har brug for generationsskifte
- **Præster** og kirkearbejdere har brug for udstyring
- **Erhvervsledere** navigerer i åndelig krigsførelse i de høje positioner
- **Nationer** råber efter sand genoplivning
- **Unge**, der ubevidst har åbnet døre
- **Befrielsesministre**, der har brug for struktur og strategi
- Og selv **dem, der ikke tror på dæmoner** – indtil de læser deres egen historie på disse sider

Du vil blive udfordret. Du vil blive udfordret. Men hvis du bliver på stien, vil du også blive **forvandlet**.

Du vil ikke bare bryde fri.

Du vil **vandre i herredømme**.

Lad os begynde.

— *Zacharias Godseagle*, *ambassadør Monday O. Ogbe og Comfort Ladi Ogbe*

Forord

Der er et oprør i nationerne. En rystelse i åndernes verden. Fra prædikestole til parlamenter, stuer til undergrundskirker, vågner folk overalt op til en uhyggelig sandhed: Vi har undervurderet fjendens rækkevidde – og vi har misforstået den autoritet, vi bærer i Kristus.

Fra Mørke til Herredømme er ikke bare en andagt; det er et råb. En profetisk manual. En livline for de plagede, de bundne og den oprigtige troende, der undrer sig: "Hvorfor er jeg stadig i lænker?"

Som en, der har været vidne til vækkelse og befrielse på tværs af nationer, ved jeg af egen erfaring, at Kirken ikke mangler viden – vi mangler åndelig **bevidsthed**, **mod** og **disciplin**. Dette værk bygger bro over denne kløft. Det væver globale vidnesbyrd, hårdtslående sandhed, praktisk handling og korsets kraft sammen i en 40-dages rejse, der vil ryste støvet af sovende liv og antænde ild i de trætte.

Til præsten, der vover at konfrontere altre, til den unge voksne, der i stilhed kæmper mod dæmoniske drømme, til virksomhedsejeren, der er viklet ind i usynlige pagter, og til lederen, der ved, at noget er *åndeligt galt,* men ikke kan sætte navn på det – denne bog er til dig.

Jeg opfordrer dig til ikke at læse den passivt. Lad hver side provokere din ånd. Lad hver historie føde krigsførelse. Lad hver erklæring træne din mund til at tale med ild. Og når du har gennemgået disse 40 dage, så fejr ikke bare din frihed – bliv et redskab for andres frihed.

Fordi sandt herredømme ikke blot er at undslippe mørket ...

Det er at vende sig om og trække andre ind i lyset.

I Kristi autoritet og magt,
Ambassadør Ogbe

Indledning

FRA MØRKET TIL HERREDØMME: 40 dage til at bryde fri fra mørkets skjulte greb er ikke bare endnu en andagt – det er et globalt vækkeur.

Over hele verden – fra landsbyer til præsidentpaladser, kirkealtre til bestyrelseslokaler – råber mænd og kvinder efter frihed. Ikke bare frelse. **Befrielse. Klarhed. Gennembrud. Helhed. Fred. Magt.**

Men her er sandheden: Du kan ikke forkaste det, du tolererer. Du kan ikke bryde fri fra det, du ikke kan se. Denne bog er dit lys i det mørke.

I 40 dage vil du gennemgå lærdomme, historier, vidnesbyrd og strategiske handlinger, der afslører mørkets skjulte virkemåder og giver dig kraft til at overvinde – i ånd, sjæl og krop.

Uanset om du er præst, administrerende direktør, missionær, forbeder, teenager, mor eller statsoverhoved, vil indholdet af denne bog konfrontere dig. Ikke for at bringe dig i skam – men for at befri dig og forberede dig på at lede andre i frihed.

Dette er en **global andagt om bevidsthed, befrielse og kraft** – forankret i skriften, skærpet af virkelige beretninger og gennemvædet af Jesu blod.

Sådan bruger du denne andagt

1. **Start med de 5 grundlæggende kapitler.**
   Disse kapitler lægger grundlaget. Spring dem ikke over. De vil hjælpe dig med at forstå mørkets spirituelle arkitektur og den autoritet, du har fået til at hæve dig over den.
2. **Gå bevidst igennem hver dag.**
   Hvert dagligt indlæg indeholder et fokustema, globale manifestationer, en virkelig historie, skriftsteder, en handlingsplan, idéer til gruppeanvendelse, vigtig indsigt, dagbogsprompter og en stærk bøn.

3. **Luk hver dag af. Med den daglige 360°-erklæring,**
   der findes i slutningen af denne bog, er denne kraftfulde erklæring designet til at styrke din frihed og beskytte dine åndelige porte.
4. **Brug det alene eller i grupper.**
   Uanset om du går igennem dette individuelt eller i en gruppe, hjemmefællesskab, forbønsteam eller befrielsestjeneste – lad Helligånden guide tempoet og personliggøre kampplanen.
5. **Forvent modstand – og gennembrudsmodstand**
   vil komme. Men det vil frihed også. Befrielse er en proces, og Jesus er forpligtet til at gå den sammen med dig.

GRUNDLÆGGENDE KAPITLER (Læs før dag 1)

1. Det Mørke Kongeriges Oprindelse
Fra Lucifers oprør til fremkomsten af dæmoniske hierarkier og territoriale ånder følger dette kapitel mørkets bibelske og åndelige historie. At forstå, hvor det startede, hjælper dig med at genkende, hvordan det fungerer.

2. Hvordan det Mørke Kongerige fungerer i dag
Fra pagter og blodofre til altre, marineånder og teknologisk infiltration afdækker dette kapitel de moderne ansigter af oldtidsånder – herunder hvordan medier, trends og endda religion kan tjene som camouflage.

3. Indgangspunkter: Hvordan folk bliver afhængige
Ingen bliver født ind i trældom ved et tilfælde. Dette kapitel undersøger døråbninger såsom traumer, forfædres altre, afsløring af hekseri, sjælebånd, okkult nysgerrighed, frimureri, falsk spiritualitet og kulturelle praksisser.

4. Manifestationer: Fra besættelse til besættelse
Hvordan ser trældom ud? Fra mareridt til forsinkelser i ægteskabet, infertilitet, afhængighed, raseri og endda "hellig latter" afslører dette kapitel, hvordan dæmoner forklæder sig som problemer, gaver eller personligheder.

5. Ordets kraft: De troendes autoritet
Før vi begynder den 40-dages krigsførelse, skal du forstå dine juridiske rettigheder i Kristus. Dette kapitel udruster dig med åndelige love, krigsvåben, bibelske protokoller og befrielsens sprog.

EN SIDSTE OPFORDRING FØR DU BEGYNDER
Gud kalder dig ikke til at *håndtere* mørket.
Han kalder dig til at **herske over** det.

Ikke med magt, ikke med kraft, men ved sin Ånd.

Lad disse næste 40 dage være mere end en andagt.

Lad det være en begravelse for hvert alter, der engang kontrollerede dig ... og en kroning til den skæbne, Gud har bestemt for dig.

Din rejse om herredømme begynder nu.

KAPITEL 1: DET MØRKE RIGES OPRINDELSE

"For vi har ikke en kamp mod kød og blod, men mod fyrstendømmer, mod magter, mod verdensherrer i dette mørke, mod ondskabens åndemagter i himmelrummet." - Efeserbrevet 6:12

Længe før menneskeheden trådte ind på tidens scene, brød en usynlig krig ud i himlen. Dette var ikke en krig med sværd eller kanoner, men et oprør – et højforræderi mod den højeste Guds hellighed og autoritet. Bibelen afslører dette mysterium gennem forskellige passager, der antyder faldet af en af Guds smukkeste engle – **Lucifer**, den skinnende – som vovede at ophøje sig selv over Guds trone (Esajas 14:12-15, Ezekiel 28:12-17).

Dette kosmiske oprør fødte det **Mørke Kongerige** - et rige af åndelig modstand og bedrag, bestående af faldne engle (nu dæmoner), fyrstedømmer og magter, der er allieret imod Guds vilje og Guds folk.

Mørkets fald og dannelse

LUCIFER VAR IKKE ALTID ond. Han blev skabt perfekt i visdom og skønhed. Men stolthed kom ind i hans hjerte, og stolthed blev til oprør. Han narrede en tredjedel af himlens engle til at følge ham (Åbenbaringen 12:4), og de blev kastet ud af himlen. Deres had mod menneskeheden er rodfæstet i jalousi - fordi menneskeheden blev skabt i Guds billede og givet herredømme.

Således begyndte krigen mellem **Lysets Rige** og **Mørkets Rige** – en usynlig konflikt, der berører enhver sjæl, ethvert hjem og enhver nation.

Det Mørke Kongeriges globale udtryk

SELVOM DET ER USYNLIGT, er dette mørke kongeriges indflydelse dybt indlejret i:

- **Kulturelle traditioner** (forfædredyrkelse, blodofringer, hemmelige selskaber)
- **Underholdning** (subliminal beskedgivning, okkult musik og shows)
- **Styring** (korruption, blodpagter, eder)
- **Teknologi** (værktøjer til afhængighed, kontrol, mental manipulation)
- **Uddannelse** (humanisme, relativisme, falsk oplysning)

Fra afrikansk juju til vestlig new age-mystik, fra mellemøstlig djinn-dyrkelse til sydamerikansk shamanisme, er formerne forskellige, men **ånden er den samme** - bedrag, dominans og ødelæggelse.

Hvorfor denne bog er vigtig nu

SATANS STØRSTE TRICK er at få folk til at tro, at han ikke eksisterer – eller værre, at hans veje er harmløse.

Denne andagt er en **manual i spirituel intelligens** – den løfter sløret, afslører hans planer og giver troende på tværs af kontinenter mulighed for at:

- **Genkend** indgangspunkter
- **Opgiv** skjulte pagter
- **Modstå** med autoritet
- **Få fat** i det stjålne

Du blev født ind i en kamp

DETTE ER IKKE EN ANDAGT for sarte sjæle. Du blev født på en slagmark, ikke på en legeplads. Men den gode nyhed er: **Jesus har allerede vundet krigen!**

"Han afvæbnede herskerne og myndighederne og bragte dem til skamme, idet han sejrede over dem i ham." - Kolossenserbrevet 2:15

Du er ikke et offer. Du er mere end en sejrherre gennem Kristus. Lad os afsløre mørket – og gå frimodigt ind i lyset.

Vigtig indsigt

Mørkets oprindelse er stolthed, oprør og afvisning af Guds styre. Disse samme frø opererer stadig i menneskers og systemers hjerter i dag. For at forstå åndelig krigsførelse må vi først forstå, hvordan oprøret begyndte.

Refleksionsjournal

- Har jeg afvist åndelig krigsførelse som overtro?
- Hvilke kulturelle eller familiemæssige skikke har jeg normaliseret, som kan være knyttet til et oldgammelt oprør?
- Forstår jeg virkelig den krig, jeg blev født ind i?

Bøn om oplysning

Himmelske Fader, åbenbar for mig de skjulte rødder af oprør omkring og i mig. Afslør mørkets løgne, jeg måske har omfavnet ubevidst. Lad din sandhed skinne ind i ethvert skyggefuldt sted. Jeg vælger Lysets Rige. Jeg vælger at vandre i sandhed, kraft og frihed. I Jesu navn. Amen.

KAPITEL 2: HVORDAN DET MØRKE RIGE FUNGERER I DAG

"For at Satan ikke skal få overtaget over os, for vi er ikke uvidende om hans listige angreb." - 2 Korintherbrev 2:11

Mørkets rige opererer ikke tilfældigt. Det er en velorganiseret, dybt lagdelt åndelig infrastruktur, der afspejler militær strategi. Dets mål: at infiltrere, manipulere, kontrollere og i sidste ende ødelægge. Ligesom Guds rige har rang og orden (apostle, profeter osv.), gør mørkets rige det også - med fyrstedømmer, magter, mørkets herskere og ondskabens åndelige kraft i himlene (Efeserne 6:12).

Det Mørke Rige er ikke en myte. Det er ikke folketro eller religiøs overtro. Det er et usynligt, men virkeligt netværk af åndelige agenter, der manipulerer systemer, mennesker og endda kirker for at opfylde Satans dagsorden. Mens mange forestiller sig høtyve og røde horn, er den virkelige funktion af dette rige langt mere subtil, systematisk og uhyggelig.

1. Bedrag er deres valuta

Fjenden handler med løgne. Fra Edens Have (1. Mosebog 3) til nutidens filosofier har Satans taktikker altid drejet sig om at så tvivl i Guds ord. I dag viser bedrag sig i form af:

- *New Age-lære forklædt som oplysning*
- *Okkulte skikke maskeret som kulturel stolthed*
- *Hekseri glorificeret i musik, film, tegnefilm og sociale medietrends*

Folk deltager ubevidst i ritualer eller forbruger medier, der åbner spirituelle døre uden dømmekraft.

2. Ondskabens hierarkiske struktur

Ligesom Guds rige har orden, opererer det mørke rige under et defineret hierarki:

- **Fyrstendømmer** – Territoriale ånder, der påvirker nationer og regeringer
- **Kræfter** – Agenter, der håndhæver ondskab gennem dæmoniske systemer
- **Mørkets herskere** – Koordinatorer af åndelig blindhed, afgudsdyrkelse og falsk religion
- **Åndelig ondskab i høje steder** – Elite-entiteter, der påvirker global kultur, rigdom og teknologi

Hver dæmon specialiserer sig i bestemte opgaver – frygt, afhængighed, seksuel perversion, forvirring, stolthed, splittelse.

3. Værktøjer til kulturel kontrol

Djævelen behøver ikke længere at vise sig fysisk. Kulturen gør nu det hårde arbejde. Hans strategier i dag inkluderer:

- **Subliminale beskeder:** Musik, shows, reklamer fulde af skjulte symboler og omvendte beskeder
- **Desensibilisering:** Gentagen eksponering for synd (vold, nøgenhed, bandeord), indtil det bliver "normalt"
- **Tankekontrolteknikker:** Gennem mediehypnose, følelsesmæssig manipulation og vanedannende algoritmer

Dette er ikke tilfældigt. Det er strategier, der er designet til at svække moralske overbevisninger, ødelægge familier og omdefinere sandheden.

4. Generationsaftaler og blodslinjer

Gennem drømme, ritualer, dedikationer eller forfædrepagt er mange mennesker ubevidst forbundet med mørket. Satan udnytter dette:

- Familiealtre og forfædres idoler
- Navngivningsceremonier, der påkalder ånder
- Hemmelige familiesynder eller forbandelser, der er gået i arv

Disse åbner juridiske grunde for lidelse, indtil pagten brydes ved Jesu blod.

5. Falske mirakler, falske profeter

Det Mørke Kongerige elsker religion – især hvis den mangler sandhed og kraft. Falske profeter, forførende ånder og falske mirakler bedrager masserne:

"For Satan selv forvandler sig til en lysets engel." - 2 Korintherbrev 11:14

Mange følger i dag stemmer, der kilder deres ører, men binder deres sjæle.

Vigtig indsigt

Djævelen er ikke altid højlydt – nogle gange hvisker han gennem kompromis. Det Mørke Kongeriges bedste taktik er at overbevise folk om, at de er frie, mens de selv er subtilt slavebundet.

Refleksionsjournal:

- Hvor har du set disse operationer i dit lokalsamfund eller nation?
- Er der serier, musik, apps eller ritualer, du har normaliseret, som faktisk kan være værktøjer til manipulation?

Bøn om bevidsthed og omvendelse:

Herre Jesus, åbn mine øjne, så jeg kan se fjendens handlinger. Afslør enhver løgn, jeg har troet på. Tilgiv mig for enhver dør, jeg har åbnet, bevidst eller ubevidst. Jeg bryder aftalen med mørket og vælger Din sandhed, Din magt og Din frihed. I Jesu navn. Amen.

KAPITEL 3: INDGANGSPUNKTER – HVORDAN FOLK BLIR HÆNGIGE

"*Giv ikke Djævelen fodfæste.*" - Efeserbrevet 4:27

I enhver kultur, generation og hjem findes der skjulte åbninger – porte, hvorigennem åndeligt mørke kommer ind. Disse indgangspunkter kan virke harmløse i starten: en barndomsleg, et familieritual, en bog, en film, et uforløst traume. Men når de først er åbnet, bliver de et lovligt grundlag for dæmonisk indflydelse.

Fælles indgangspunkter

1. **Blodlinjepagter** – Forfædres eder, ritualer og afgudsdyrkelse, der giver adgang til onde ånder.
2. **Tidlig eksponering for okkultisme** – Som i historien om *Lourdes Valdivia* fra Bolivia bliver børn, der udsættes for hekseri, spiritualisme eller okkulte ritualer, ofte åndeligt kompromitteret.
3. **Medier og musik** – Sange og film, der glorificerer mørke, sensualitet eller oprør, kan subtilt invitere til åndelig indflydelse.
4. **Trauma og misbrug** – Seksuelt misbrug, voldeligt traume eller afvisning kan revne sjælen åben for undertrykkende ånder.
5. **Seksuel synd og sjælebånd** – Ulovlige seksuelle forbindelser skaber ofte åndelige bånd og overførsel af ånder.
6. **New Age og falsk religion** – Krystaller, yoga, åndevejledere, horoskoper og "hvid hekseri" er tilslørede invitationer.
7. **Bitterhed og utilgivelse** – Disse giver dæmoniske ånder en juridisk ret til at pine (se Matthæus 18:34).

Globalt vidnesbyrd Højdepunkt: *Lourdes Valdivia (Bolivia)*

Som blot 7-årig blev Lourdes introduceret til hekseri af sin mor, en mangeårig okkultist. Hendes hus var fyldt med symboler, knogler fra kirkegårde og magiske bøger. Hun oplevede astral projektion, stemmer og pine, før hun endelig fandt Jesus og blev befriet. Hendes historie er en af mange – den beviser, hvordan tidlig eksponering og generationspåvirkning åbner døre til åndelig trældom.

Reference til større udnyttelser:

Historier om, hvordan folk ubevidst åbnede døre gennem "harmløse" aktiviteter – kun for at blive fanget i mørket – kan findes i *Greater Exploits 14* og *Delivered from the Power of Darkness*. (Se bilag)

Vigtig indsigt

Fjenden bryder sjældent ind. Han venter på, at en dør bliver slået op. Det, der føles uskyldigt, arvet eller underholdende, kan nogle gange være netop den port, fjenden har brug for.

Refleksionsjournal

- Hvilke øjeblikke i mit liv kan have tjent som spirituelle indgangspunkter?
- Er der "harmløse" traditioner eller genstande, jeg skal give slip på?
- Skal jeg give afkald på noget fra min fortid eller familielinje?

Bøn om forsagelse

Fader, jeg lukker enhver dør, som jeg eller mine forfædre måtte have åbnet for mørket. Jeg giver afkald på alle aftaler, sjælebånd og eksponering for noget uhelligt. Jeg bryder enhver lænke ved Jesu blod. Jeg erklærer, at min krop, sjæl og ånd alene tilhører Kristus. I Jesu navn. Amen.

KAPITEL 4: MANIFESTATIONER – FRA BESÆTTELSE TIL BESÆTTELSE

"*Når en uren ånd farer ud af et menneske, vandrer den gennem tørre egne og søger hvile, men finder den ikke. Så siger den: 'Jeg vil vende tilbage til det hus, jeg forlod.'*" - Matthæus 12:43

Når en person kommer under indflydelse af det mørke rige, varierer manifestationerne afhængigt af niveauet af dæmonisk adgang, der gives. Den åndelige fjende nøjes ikke med besøg – hans ultimative mål er bolig og dominans.

Manifestationsniveauer

1. **Indflydelse** – Fjenden får indflydelse gennem tanker, følelser og beslutninger.
2. **Undertrykkelse** – Der er ydre pres, tyngde, forvirring og pine.
3. **Besættelse** – Personen bliver fikseret på mørke tanker eller tvangsmæssig adfærd.
4. **Besættelse** – I sjældne, men virkelige tilfælde tager dæmoner bolig og tilsidesætter en persons vilje, stemme eller krop.

Graden af manifestation er ofte forbundet med dybden af åndeligt kompromis.

Globale casestudier af manifestation

- **Afrika:** Tilfælde af åndelig ægtemand/hustru, galskab og rituel trældom.
- **Europa:** New age-hypnose, astral projektion og sindsfragmentering.
- **Asien:** Sjælebånd mellem forfædre, reinkarnationsfælder og blodslinjeløfter.

- **Sydamerika:** Shamanisme, åndelige vejledere, afhængighed af psykisk læsning.
- **Nordamerika:** Hekseri i medierne, "harmløse" horoskoper, substansportaler.
- **Mellemøsten:** Djinn-møder, blodeder og profetiske forfalskninger.

Hvert kontinent præsenterer sin unikke forklædning af det samme dæmoniske system – og de troende må lære at genkende tegnene.

Almindelige symptomer på dæmonisk aktivitet

- Tilbagevendende mareridt eller søvnparalyse
- Stemmer eller mental pine
- Tvangssynd og gentagen frafald
- Uforklarlige sygdomme, frygt eller raseri
- Overnaturlig styrke eller viden
- Pludselig modvilje mod åndelige ting

Vigtig indsigt

Det, vi kalder "mentale", "følelsesmæssige" eller "medicinske" problemer, kan nogle gange være åndelige. Ikke altid - men ofte nok til, at dømmekraft er afgørende.

Refleksionsjournal

- Har jeg bemærket gentagne kampe, der synes af åndelig karakter?
- Er der generationsmæssige ødelæggelsesmønstre i min familie?
- Hvilken slags medier, musik eller relationer tillader jeg ind i mit liv?

Bøn om forsagelse

Herre Jesus, jeg afsværger enhver skjult aftale, åben dør og ugudelig pagt i mit liv. Jeg bryder bånd med alt, der ikke er af dig – bevidst eller ubevidst. Jeg inviterer Helligåndens ild til at fortære ethvert spor af mørke i mit liv. Sæt mig fuldstændig fri. I dit mægtige navn. Amen.

KAPITEL 5: ORDETS MAGT – DE TROENDES AUTORITET

"*Se, jeg giver jer magt til at træde på slanger og skorpioner og over al fjendens magt, og intet skal på nogen måde skade jer.*" - Lukas 10:19 (KJV)

Mange troende lever i frygt for mørket, fordi de ikke forstår det lys, de bærer. Alligevel åbenbarer Skriften, at **Guds ord ikke blot er et sværd (Efeserne 6:17)** – det er ild (Jeremias 23:29), en hammer, et frø og selve livet. I kampen mellem lys og mørke er de, der kender og forkynder Ordet, aldrig ofre.

Hvad er denne magt?

Den magt, som troende bærer, er **delegeret autoritet**. Ligesom en politibetjent med et navneskilt står vi ikke på vores egen styrke, men i **Jesu navn** og gennem Guds ord. Da Jesus besejrede Satan i ørkenen, råbte, græd eller gik han ikke i panik – han sagde blot: *"Der står skrevet."*

Dette er mønsteret for al åndelig krigsførelse.

Hvorfor mange kristne forbliver besejrede

1. **Uvidenhed** – De ved ikke, hvad Ordet siger om deres identitet.
2. **Tavshed** – De forkynder ikke Guds ord over situationer.
3. **Inkonsekvens** – De lever i syndige cyklusser, hvilket undergraver tillid og adgang.

Sejr handler ikke om at råbe højere; det handler om **at tro dybere** og **erklære frimodigt**.

Autoritet i aktion – Globale historier

- **Nigeria:** En ung dreng fanget i kultisme blev befriet, da hans mor konsekvent salvede hans værelse og fremsagde Salme 91 hver aften.
- **USA:** En tidligere wiccaner opgav heksekunsten, efter at en kollega i

månedsvis stille og roligt forkyndte skrifter på hendes arbejdsplads dagligt.
- **Indien:** En troende erklærede Esajas 54:17, mens han blev udsat for konstante sorte magiske angreb — angrebene stoppede, og angriberen tilstod.
- **Brasilien:** En kvinde brugte daglige erklæringer fra Romerbrevet 8 til at overvinde sine selvmordstanker og begyndte at vandre i overnaturlig fred.

Ordet er levende. Det behøver ikke vores perfektion, kun vores tro og bekendelse.

Hvordan man bruger ordet i krig

1. **Lær skriftsteder udenad,** der er relateret til identitet, sejr og beskyttelse.
2. **Tal Ordet højt**, især under åndelige angreb.
3. **Brug det i bøn**, og erklær Guds løfter over situationer.
4. **Fast + Bed** med Ordet som dit anker (Matthæus 17:21).

Grundlæggende skrifter for krigsførelse

- *2 Korintherbrev 10:3-5* – Nedbrydning af fæstninger
- *Esajas 54:17* – Intet våben, der er smidt, skal have fremgang
- *Lukas 10:19* – Magt over fjenden
- *Salme 91* – Guddommelig beskyttelse
- *Åbenbaringen 12:11* – Overvundet af blodet og vidnesbyrdet

Vigtig indsigt

Guds ord i din mund er lige så kraftfuldt som Ordet i Guds mund – når det tales i tro.

Refleksionsjournal

- Kender jeg mine åndelige rettigheder som troende?
- Hvilke skriftsteder står jeg aktivt ud fra i dag?
- Har jeg tilladt frygt eller uvidenhed at bringe min autoritet til

tavshed?

Bøn om styrke
Fader, åbn mine øjne for den autoritet, jeg har i Kristus. Lær mig at bruge dit ord med frimodighed og tro. Hvor jeg har tilladt frygt eller uvidenhed at herske, lad åbenbaring komme. Jeg står i dag som et Guds barn, bevæbnet med Åndens sværd. Jeg vil tale Ordet. Jeg vil stå i sejr. Jeg vil ikke frygte fjenden - for større er han, som er i mig. I Jesu navn. Amen.

DAG 1: BLODSLINJER & PORTE — AT BRYDE FAMILIELÆKKER

"**V**ore fædre har syndet og er ikke mere, og vi bærer deres straf." - Klagesangene 5:7

Du er måske frelst, men din blodslinje har stadig en historie – og indtil de gamle pagter brydes, fortsætter de med at tale.

På alle kontinenter findes der skjulte altre, forfædrepagter, hemmelige løfter og nedarvede misgerninger, der forbliver aktive, indtil de specifikt tages op. Det, der startede med oldeforældre, kan stadig gøre krav på nutidens børns skæbner.

Globale udtryk

- **Afrika** – Familieguder, orakler, generationshekseri, blodofre.
- **Asien** – Forfædredyrkelse, reinkarnationsbånd, karmakæder.
- **Latinamerika** – Santeria, dødsaltre, shamanistiske blodeder.
- **Europa** – frimureri, hedenske rødder, blodslinjepagter.
- **Nordamerika** – New age-arv, frimurerisk afstamning, okkulte genstande.

Forbandelsen fortsætter, indtil nogen rejser sig og siger: "Ikke mere!"

Et dybere vidnesbyrd – Helbredelse fra rødderne

En kvinde fra Vestafrika indså efter at have læst *Greater Exploits 14*, at hendes kroniske aborter og uforklarlige pine var forbundet med hendes bedstefars stilling som præst i et helligdom. Hun havde taget imod Kristus for år siden, men havde aldrig beskæftiget sig med familiepagterne.

Efter tre dages bøn og faste blev hun ledt til at ødelægge visse arvestykker og give afkald på pagter ved hjælp af Galaterbrevet 3:13. Samme måned blev hun gravid og fødte et barn til termin. I dag leder hun andre i helbredelses- og befrielsestjenesten.

En anden mand i Latinamerika, fra bogen * Delivered from the Power of Darkness* , fandt frihed efter at have givet afkald på en frimurerforbandelse, der i hemmelighed var blevet givet videre fra hans oldefar. Da han begyndte at anvende skriftsteder som Esajas 49:24-26 og engagere sig i befrielsesbønner, stoppede hans mentale pine, og freden blev genoprettet i hans hjem.

Disse historier er ikke tilfældigheder – de er vidnesbyrd om sandhed i handling.

Handlingsplan – Familieopgørelse

1. Skriv alle kendte familieoverbevisninger, skikke og tilhørsforhold ned – religiøse, mystiske eller hemmelige selskaber.
2. Bed Gud om åbenbaring af skjulte altre og pagter.
3. Ødelæg og kasser under bøn enhver genstand, der er knyttet til afgudsdyrkelse eller okkulte praksisser.
4. Fast som ledt, og brug skriftstederne nedenfor til at bryde juridisk grund:
    - *Tredje Mosebog 26:40-42*
    - *Esajas 49:24-26*
    - *Galaterbrevet 3:13*

GRUPPEDISKUSSION OG -ansøgning

- Hvilke almindelige familieskikke overses ofte som harmløse, men kan være åndeligt farlige?
- Lad medlemmerne dele anonymt (hvis nødvendigt) eventuelle drømme, genstande eller tilbagevendende cyklusser i deres blodslinje.
- Gruppebøn om forsagelse — hver person kan sige navnet på den familie eller det problem, der gives afkald på.

Tjenesteredskaber: Medbring salveolie. Tilbyd nadver. Led gruppen i en pagtsbøn om erstatning – hvor hver familielinje dedikeres til Kristus.

Vigtig indsigt
At blive født på ny frelser din ånd. At bryde familiepagter bevarer din skæbne.

Refleksionsjournal

- Hvad er der i min familie? Hvad skal der stoppes med mig?
- Er der genstande, navne eller traditioner i mit hjem, der skal væk?
- Hvilke døre åbnede mine forfædre, som jeg nu er nødt til at lukke?

Bøn om frigørelse
Herre Jesus, jeg takker dig for dit blod, der taler bedre ting. I dag afsværger jeg ethvert skjult alter, familiepagt og nedarvet bånd. Jeg bryder lænkerne i min blodslinje og erklærer, at jeg er en ny skabning. Mit liv, min familie og min skæbne tilhører nu kun dig. I Jesu navn. Amen.

DAG 2: DRØMMEVANDINGER — NÅR NATTEN BLIV EN SLAGMARK

"*Mens folk sov, kom hans fjende og såede ukrudt blandt hveden og gik bort.*"
- Matthæus 13:25

For mange finder den største åndelige krigsførelse ikke sted, mens de er vågne – den sker, når de sover.

Drømme er ikke bare tilfældig hjerneaktivitet. De er spirituelle portaler, hvorigennem advarsler, angreb, pagter og skæbner udveksles. Fjenden bruger søvn som en stille slagmark til at så frygt, begær, forvirring og forsinkelse – alt sammen uden modstand, fordi de fleste mennesker ikke er klar over krigen.

Globale udtryk

- **Afrika** – Åndelige ægtefæller, slanger, at spise i drømme, maskerader.
- **Asien** – Møder med forfædre, dødsdrømme, karmisk pine.
- **Latinamerika** – Dyriske dæmoner, skygger, søvnparalyse.
- **Nordamerika** – Astral projektion, fremmede drømme, traumegenoptagelser.
- **Europa** – Gotiske manifestationer, sexdæmoner (incubus/succubus), sjælefragmenteringer.

Hvis Satan kan kontrollere dine drømme, kan han påvirke din skæbne.

Vidnesbyrd – Fra natteskræk til fred

En ung kvinde fra Storbritannien sendte en e-mail efter at have læst *Ex-Satanist: The James Exchange*. Hun fortalte, hvordan hun i årevis havde været plaget af drømme om at blive jagtet, bidt af hunde eller sove med fremmede mænd – altid efterfulgt af tilbageslag i det virkelige liv. Hendes forhold brød sammen, jobmulighederne forsvandt, og hun var konstant udmattet.

Gennem faste og studier af skriftsteder som Job 33:14-18 opdagede hun, at Gud ofte taler gennem drømme – men det gør fjenden også. Hun begyndte at salve sit hoved med olie, afvise onde drømme højt, når hun vågnede, og føre en drømmedagbog. Gradvist blev hendes drømme klarere og mere fredelige. I dag leder hun en støttegruppe for unge kvinder, der lider af drømmeanfald.

En nigeriansk forretningsmand indså efter at have lyttet til et YouTube-vidnesbyrd, at hans drøm om at få serveret mad hver aften var forbundet med hekseri. Hver gang han tog imod maden i sin drøm, gik tingene galt i hans forretning. Han lærte at afvise maden med det samme i drømmen, bede i tunger før sengetid og ser nu guddommelige strategier og advarsler i stedet.

Handlingsplan – Styrk dine nattevagter

1. **Før sengetid:** Læs skriftsteder højt. Tilbed. Salv dit hoved med olie.
2. **Drømmedagbog:** Skriv alle drømme ned, når du vågner – gode som dårlige. Bed Helligånden om fortolkning.
3. **Afvis og forsværg:** Hvis drømmen involverer seksuel aktivitet, afdøde slægtninge, spisning eller bondage - afsværg den straks i bøn.
4. **Skriftkrig:**
    - *Salme 4:8* — Fredfyldt søvn
    - *Job 33:14-18* — Gud taler gennem drømme
    - *Matthæus 13:25* — Fjenden sår ukrudt
    - *Esajas 54:17* – Der blev ikke smidt våben imod dig

Gruppeansøgning

- Del nylige drømme anonymt. Lad gruppen skelne mønstre og betydninger.
- Lær medlemmerne, hvordan de afviser onde drømme verbalt og besegler gode drømme i bøn.
- Gruppeerklæring: "Vi forbyder dæmoniske transaktioner i vores drømme, i Jesu navn!"

Ministerielle værktøjer:

- Medbring papir og kuglepenne til drømmejournaling.
- Demonstrer, hvordan man salver sit hjem og sin seng.
- Tilbyd nadver som et pagtssegl for natten.

Vigtig indsigt

Drømme er enten porte til guddommelige møder eller dæmoniske fælder. Dømmeevne er nøglen.

Refleksionsjournal

- Hvilke slags drømme har jeg konsekvent oplevet?
- Tager jeg mig tid til at reflektere over mine drømme?
- Har mine drømme advaret mig om noget, jeg har ignoreret?

Nattevagtens bøn

Fader, jeg dedikerer mine drømme til Dig. Lad ingen ond magt projicere ind i min søvn. Jeg afviser enhver dæmonisk pagt, seksuel besmittelse eller manipulation i mine drømme. Jeg modtager guddommelig besøg, himmelsk instruktion og englebeskyttelse, mens jeg sover. Lad mine nætter være fyldt med fred, åbenbaring og kraft. I Jesu navn, amen.

DAG 3: ÅNDELIGE ÆGTEFÆLLER — UHELLIGE FORBINDELSER, DER BINDER SKÆBNER

"*For din Skaber er din ægtemand – Herren den Almægtige er hans navn...*" – Esajas 54:5

"*De ofrede deres sønner og deres døtre til djævle.*" – Salme 106:37

Mens mange råber efter et gennembrud i ægteskabet, er det, de ikke er klar over, at de allerede er i et **åndeligt ægteskab** – et, de aldrig har givet samtykke til.

Disse er **pagter dannet gennem drømme, blufærdighedskrænkelse, blodritualer, pornografi, forfædres eder eller dæmonisk overførsel**. Den åndelige ægtefælle – incubus (mand) eller succubus (kvinde) – påtager sig en juridisk ret til personens krop, intimitet og fremtid, hvilket ofte blokerer forhold, ødelægger hjem, forårsager aborter og nærer afhængighed.

Globale manifestationer

- **Afrika** – Havånder (Mami Wata), åndehustruer/ægtemænd fra vandkongeriger.
- **Asien** – Himmelske ægteskaber, karmiske soulmate-forbandelser, reinkarnerede ægtefæller.
- **Europa** – Heksekunstforeninger, dæmoniske elskere fra frimureriet eller druidiske rødder.
- **Latinamerika** – Santeria-ægteskaber, kærlighedsbesværgelser, pagtbaserede "åndeægteskaber".
- **Nordamerika** – Porno-inducerede spirituelle portaler, new age-sexånder, bortførelser af rumvæsener som manifestationer af inkubus-møder.

Virkelige historier — Kampen for ægteskabelig frihed
Tolu, Nigeria.

Tolu var 32 år og single. Hver gang hun blev forlovet, forsvandt manden pludselig. Hun drømte konstant om at blive gift i omfattende ceremonier. I *Greater Exploits 14* genkendte hun, at hendes sag stemte overens med et vidnesbyrd, der blev delt der. Hun gennemgik en tre-dages faste og natlige krigsbønner ved midnat, hvor hun skar sjælebåndene over og uddrev den marineånd, der gjorde krav på hende. I dag er hun gift og rådgiver andre.

Lina, Filippinerne

Lina følte ofte en "tilstedeværelse" over sig om natten. Hun troede, hun forestillede sig ting, indtil der begyndte at dukke blå mærker op på hendes ben og lår uden forklaring. Hendes præst opdagede en åndelig ægtefælle. Hun bekendte en tidligere abort og pornografiafhængighed og gennemgik derefter en udfrielse. Hun hjælper nu unge kvinder med at identificere lignende mønstre i sit lokalsamfund.

Handlingsplan – Bryd pagten

1. **Bekend** og omvend dig fra seksuelle synder, sjælebånd, okkult afsløring eller forfædres ritualer.
2. **Afvis** alle åndelige ægteskaber i bøn – ved navn, hvis det åbenbares.
3. **Faste** i 3 dage (eller som ledt) med Esajas 54 og Salme 18 som ankerskrifter.
4. **Ødelæg** fysiske tokens: ringe, tøj eller gaver knyttet til tidligere elskere eller okkulte tilhørsforhold.
5. **Erklær højt** :

Jeg er ikke gift med nogen ånd. Jeg er indgået i pagt med Jesus Kristus. Jeg afviser enhver dæmonisk forening i min krop, sjæl og ånd!

Skriftværktøjer

- Esajas 54:4-8 – Gud som din sande ægtemand
- Salme 18 – At bryde dødens bånd
- 1 Korintherbrev 6:15-20 – Jeres legeme tilhører Herren
- Hoseas 2:6-8 – Brydelse af ugudelige pagter

Gruppeansøgning

- Spørg gruppemedlemmerne: Har I nogensinde drømmet om bryllupper, sex med fremmede eller skyggefulde skikkelser om natten?
- Led en gruppe om afkald på åndelige ægtefæller.
- Rollespil en "skilsmissedomstol i himlen" — hver deltager indgiver en åndelig skilsmissesag til Gud i bøn.
- Brug salveolie på hoved, mave og fødder som symboler på renselse, reproduktion og bevægelse.

Vigtig indsigt
Dæmoniske ægteskaber er virkelige. Men der findes ingen åndelig forening, som ikke kan brydes af Jesu blod.

Refleksionsjournal

- Har jeg haft tilbagevendende drømme om ægteskab eller sex?
- Er der mønstre af afvisning, forsinkelse eller spontan abort i mit liv?
- Er jeg villig til fuldt ud at overgive min krop, seksualitet og fremtid til Gud?

Bøn om befrielse
Himmelske Fader, jeg omvender mig fra enhver seksuel synd, kendt eller ukendt. Jeg afviser og giver afkald på enhver åndelig ægtefælle, marinånd eller okkult ægteskab, der kræver mit liv. Ved kraften i Jesu blod bryder jeg enhver pagt, drømmefrø og sjælebånd. Jeg erklærer, at jeg er Kristi brud, sat til side til Hans ære. Jeg vandrer frit, i Jesu navn. Amen.

DAG 4: FORBANDEDE GENSTANDE – DØRE DER BESIREGER

"*Du må ikke bringe nogen vederstyggelighed ind i dit hus, for at du ikke skal blive forbandet ligesom den.*" - 5 Mosebog 7:26

En skjult indgang, som mange ignorerer

Ikke alle ejendele er bare en ejendele. Nogle ting bærer historie. Andre bærer ånder. Forbandede genstande er ikke kun idoler eller artefakter – de kan være bøger, smykker, statuer, symboler, gaver, tøj eller endda arvede arvestykker, der engang var dedikeret til mørke kræfter. Det, der er på din hylde, dit håndled, din væg – kan være selve indgangspunktet for pine i dit liv.

Globale observationer

- **Afrika** : Kalebasser, amuletter og armbånd knyttet til heksedoktorer eller forfædredyrkelse.
- **Asien** : Amuletter, stjernetegn og tempelsouvenirs.
- **Latinamerika** : Santería-halskæder, dukker, stearinlys med spiritusindskrifter.
- **Nordamerika** : Tarotkort, Ouija-brætter, drømmefangere, gyser-memorabilia.
- **Europa** : Hedenske relikvier, okkulte bøger, tilbehør med heksetema.

Et par i Europa oplevede pludselig sygdom og åndelig undertrykkelse efter at være vendt tilbage fra ferie på Bali. Uden at vide det havde de købt en udskåret statue, der var blevet dedikeret til en lokal havguddom. Efter bøn og overvejelse fjernede de genstanden og brændte den. Freden vendte straks tilbage.

En anden kvinde fra vidneudsagnene fra *Greater Exploits* rapporterede uforklarlige mareridt, indtil det blev afsløret, at en halskæde fra hendes tante i gave faktisk var en spirituel overvågningsenhed indviet i et helligdom.

Du skal ikke kun gøre rent i dit hus fysisk – du skal også gøre rent åndeligt.

Vidnesbyrd: "Dukken der så på mig"

Lourdes Valdivia, hvis historie vi tidligere udforskede fra Sydamerika, modtog engang en porcelænsdukke under en familiefest. Hendes mor havde indviet den i et okkult ritual. Fra den nat den blev bragt ind på hendes værelse, begyndte Lourdes at høre stemmer, opleve søvnparalyse og se skikkelser om natten.

Det var først, da en kristen veninde bad med hende, og Helligånden åbenbarede dukkens oprindelse, at hun slap af med den. Den dæmoniske tilstedeværelse forsvandt øjeblikkeligt. Dette begyndte hendes opvågnen – fra undertrykkelse til befrielse.

Handlingsplan – Hus- og hjerterevision

1. **Gå gennem hvert rum** i dit hjem med salveolie og Ordet.
2. **Bed Helligånden** om at fremhæve genstande eller gaver, som ikke er fra Gud.
3. **Brænd eller kasser** genstande, der er forbundet med okkulte forestillinger, afgudsdyrkelse eller umoral.
4. **Luk alle døre** med skriftsteder som:
    - *Femte Mosebog 7:26*
    - *Apostlenes Gerninger 19:19*
    - *2 Korintherbrev 6:16–18*

Gruppediskussion og aktivering

- Del alle de ting eller gaver, du engang ejede, som havde usædvanlige virkninger på dit liv.
- Lav en "Tjekliste til rengøring af huset" sammen.
- Giv partnere til opgave at bede i hinandens hjemmemiljøer (med tilladelse).
- Inviter en lokal befrielsespræst til at lede en profetisk bøn om hjemmerensning.

Redskaber til tjenesten: Salveolie, tilbedelsesmusik, affaldsposer (til egentlig bortskaffelse) og en brandsikker beholder til genstande, der skal destrueres.

Vigtig indsigt
Det, du tillader i dit rum, kan autorisere ånder i dit liv.

Refleksionsjournal

- Hvilke ting i mit hjem eller min garderobe har uklar åndelig oprindelse?
- Har jeg holdt fast i noget på grund af sentimental værdi, som jeg nu er nødt til at give slip på?
- Er jeg klar til at helliggøre min plads for Helligånden?

Bøn om renselse
Herre Jesus, jeg inviterer din Hellige Ånd til at afsløre alt i mit hjem, som ikke er af dig. Jeg afsværger enhver forbandet genstand, gave eller ting, der har været bundet til mørket. Jeg erklærer mit hjem for hellig jord. Lad din fred og renhed bo her. I Jesu navn. Amen.

DAG 5: FORTRYLLET OG BEDRAGET — AT BRYDE FRI FRA SPODSOMMENS ÅND

H øjeste Guds tjenere , og de forkynder frelsens vej for os." - *Apostlenes Gerninger 16:17 (NKJV)*

"Men Paulus, meget oprørt, vendte sig om og sagde til ånden: 'Jeg befaler dig i Jesu Kristi navn at fare ud af hende.' Og han fór ud i samme time." - *Apostlenes Gerninger 16:18*

Der er en tynd linje mellem profeti og spådomskunst - og mange i dag krydser den uden engang at vide det.

Fra YouTube-profeter, der opkræver penge for "personlige ord", til tarotlæsere på sociale medier, der citerer skriftsteder, er verden blevet en markedsplads for åndelig støj. Og tragisk nok drikker mange troende ubevidst af forurenede vandløb.

Spådomsånden efterligner Helligånden. Den smigrer, forfører, manipulerer følelser og fanger sine ofre i et spind af kontrol. Dens mål? **At åndeligt vikle, bedrage og slavebinde.**

Globale udtryk for spådom

- **Afrika** – Orakler, Ifá- præster, vandåndemedier, profetisk bedrag.
- **Asien** – Håndlæsere, astrologer, forfædres seere, reinkarnations- "profeter".
- **Latinamerika** – Santeria-profeter, amuletter, helgener med mørke kræfter.
- **Europa** – Tarotkort, clairvoyance, mediumcirkler, New Age-kanalisering.
- **Nordamerika** – "kristne" clairvoyanter, numerologi i kirker, englekort, åndevejledere forklædt som Helligånden.

Det farlige er ikke kun, hvad de siger - men **ånden** bag det.

Vidnesbyrd: Fra clairvoyant til Kristus

En amerikansk kvinde vidnede på YouTube om, hvordan hun gik fra at være en "kristen profetinde" til at indse, at hun opererede under en spådomsånd. Hun begyndte at se syner tydeligt, give detaljerede profetiske ord og tiltrække store folkemængder online. Men hun kæmpede også med depression, mareridt og hørte hviskende stemmer efter hver session.

En dag, mens hun så en undervisning om *Apostlenes Gerninger 16* , faldt vægten af. Hun indså, at hun aldrig havde underkastet sig Helligånden – kun sin egen gave. Efter dyb omvendelse og befrielse ødelagde hun sine englekort og fastedagbog fyldt med ritualer. I dag prædiker hun Jesus, ikke længere "ord".

Handlingsplan – Test af ånderne

1. Spørg: Drager dette ord/denne gave mig til **Kristus** , eller til den **person,** der giver den?
2. Prøv enhver ånd med *1 Johannes 4:1-3*.
3. Omvend dig fra enhver involvering med psykiske, okkulte eller forfalskede profetiske praksisser.
4. Bryd alle sjælebånd med falske profeter, spåmænd eller heksekunstinstruktører (selv online).
5. Erklær med frimodighed:

"Jeg afviser enhver løgnånd. Jeg tilhører kun Jesus. Mine ører er lyttet til hans stemme!"

Gruppeansøgning

- Diskuter: Har du nogensinde fulgt en profet eller åndelig vejleder, som senere viste sig at være falsk?
- Gruppeøvelse: Led medlemmerne til at give afkald på specifikke praksisser som astrologi, sjælelæsninger, psykiske spil eller spirituelle influencers, der ikke er rodfæstet i Kristus.
- Inviter Helligånden: Giv dem 10 minutter til stilhed og lytning. Del derefter, hvad Gud åbenbarer – hvis noget.
- Brænd eller slet digitale/fysiske genstande relateret til spådomskunst, herunder bøger, apps, videoer eller noter.

Ministerielle redskaber:
Befrielsesolie, kors (symbol på underkastelse), beholder/spand til at kassere symbolske genstande, tilbedelsesmusik centreret om Helligånden.

Vigtig indsigt
Ikke alt overnaturligt er fra Gud. Sand profeti udspringer af intimitet med Kristus, ikke manipulation eller skuespil.

Refleksionsjournal

- Har jeg nogensinde været tiltrukket af psykiske eller manipulerende spirituelle praksisser?
- Er jeg mere afhængig af "ord" end af Guds ord?
- Hvilke stemmer har jeg givet adgang til, som nu skal bringes til tavshed?

BØN OM BEFRIELSE

Fader, jeg giver op med enhver spådomsånd, manipulationsånd og falsk profeti. Jeg angrer for at have søgt vejledning uden Din stemme. Rens mit sind, min sjæl og min ånd. Lær mig at vandre ved Din Ånd alene. Jeg lukker enhver dør, jeg har åbnet for det okkulte, bevidst eller ubevidst. Jeg erklærer, at Jesus er min hyrde, og jeg hører kun Hans stemme. I Jesu mægtige navn, Amen.

DAG 6: ØJETS PORTE – LUKNING AF MØRKETS PORTALER

"Øjet er kroppens lampe. Hvis dine øjne er sunde, vil hele din krop være fuld af lys."
- *Matthæus 6:22 (NIV)*
"Jeg vil ikke sætte noget ondt for mine øjne ..." - *Salme 101:3 (KJV)*

I den åndelige verden **er dine øjne porte**. Det, der går ind gennem dine øjne, påvirker din sjæl – for renhed eller forurening. Fjenden ved dette. Derfor er medier, billeder, pornografi, gyserfilm, okkulte symboler, modetrends og forførende indhold blevet slagmarker.

Krigen om din opmærksomhed er en krig om din sjæl.

Det, som mange anser for at være "harmløs underholdning", er ofte en kodet invitation – til begær, frygt, manipulation, stolthed, forfængelighed, oprør eller endda dæmonisk tilknytning.

Globale porte til visuelt mørke

- **Afrika** – Rituelle film, Nollywood-temaer, der normaliserer hekseri og polygami.
- **Asien** – Anime og manga med spirituelle portaler, forførende ånder, astralrejser.
- **Europa** – Gotisk mode, gyserfilm, vampyrbesættelser, satanisk kunst.
- **Latinamerika** – Telenovelaer, der forherliger trolddom, forbandelser og hævn.
- **Nordamerika** – Mainstreammedier, musikvideoer, pornografi, "søde" dæmoniske tegnefilm.

Det, du konstant ser på, bliver du ufølsom over for.
Historie: "Tegnefilmen der forbandede mit barn"

En mor fra USA bemærkede, at hendes 5-årige begyndte at skrige om natten og tegne foruroligende billeder. Efter bøn pegede Helligånden hende på en tegnefilm, som hendes søn havde set i hemmelighed – en fyldt med trylleformularer, talende ånder og symboler, hun ikke havde bemærket.

Hun slettede programmerne og satte sit hus og sine skærme på plads. Efter flere nætter med midnatsbøn og Salme 91 ophørte anfaldene, og drengen begyndte at sove fredeligt. Hun leder nu en støttegruppe, der hjælper forældre med at beskytte deres børns visuelle porte.

Handlingsplan – Rensning af øjenporten

1. Lav en **medieanalyse** : Hvad ser du? Læser du? Scroller du?
2. Opsiger abonnementer eller platforme, der nærer dit kød i stedet for din tro.
3. Salv dine øjne og skærme, og erklær Salme 101:3.
4. Erstat skrald med gudfrygtigt input — dokumentarer, tilbedelse, ren underholdning.
5. Erklære:

"Jeg vil ikke sætte noget ondt for mine øjne. Mine tanker tilhører Gud."

Gruppeansøgning

- Udfordring: 7-dages Eye Gate Fast — ingen giftige medier, ingen inaktiv scrolling.
- Del: Hvilket indhold har Helligånden fortalt dig, at du skal stoppe med at se?
- Øvelse: Læg hænderne på dine øjne og afsværg enhver besmittelse gennem syn (f.eks. pornografi, rædsel, forfængelighed).
- Aktivitet: Inviter medlemmer til at slette apps, brænde bøger eller kassere elementer, der ødelægger deres syn.

Værktøjer: Olivenolie, ansvarlighedsapps, pauseskærme til skriftsteder, bønnekort med øjenport.

Vigtig indsigt

Du kan ikke leve med autoritet over dæmoner, hvis du bliver underholdt af dem.

Refleksionsjournal

- Hvad fodrer jeg mine øjne med, som måske nærer mørket i mit liv?
- Hvornår græd jeg sidst over det, der knuser Guds hjerte?
- Har jeg givet Helligånden fuld kontrol over min skærmtid?

Renhedsbøn

Herre Jesus, jeg beder om, at dit blod må skylle over mine øjne. Tilgiv mig for de ting, jeg har tilladt gennem mine skærme, bøger og fantasi. I dag erklærer jeg, at mine øjne er til lys, ikke mørke. Jeg afviser ethvert billede, enhver lyst og enhver indflydelse, der ikke kommer fra Dig. Rens min sjæl. Bevog mit blik. Og lad mig se, hvad Du ser - i hellighed og sandhed. Amen.

DAG 7: KRAFTEN BAG NAVNE — AT GIVE AFKAST PÅ UHELLIGE IDENTITETER

"*Og Jabez påkaldte Israels Gud og sagde: 'Gid du ville velsigne mig sandelig ...' Og Gud gav ham, hvad han bad om.*"
- *1 Krønikebog 4:10*
"*Du skal ikke længere hedde Abram, men Abraham ...*" - 1 *Mosebog 17:5*

Navne er ikke bare etiketter – de er åndelige erklæringer. I skriften afspejlede navne ofte skæbne, personlighed eller endda trældom. At navngive noget er at give det identitet og retning. Fjenden forstår dette – derfor er mange mennesker ubevidst fanget under navne givet i uvidenhed, smerte eller åndelig trældom.

Ligesom Gud ændrede navne (Abram til Abraham, Jakob til Israel, Saraj til Sara), ændrer han stadig skæbner ved at omdøbe sit folk.

Globale kontekster af navnebinding

- **Afrika** – Børn opkaldt efter afdøde forfædre eller idoler ("Ogbanje", "Dike", " Ifunanya " knyttet til betydninger).
- **Asien** – Reinkarnationsnavne knyttet til karmiske cyklusser eller guddomme.
- **Europa** – Navne med rødder i hedensk eller heksekunstnerisk arv (f.eks. Freya, Thor, Merlin).
- **Latinamerika** – Santeria-inspirerede navne, især gennem åndelig dåb.
- **Nordamerika** – Navne taget fra popkultur, oprørsbevægelser eller forfædres dedikationer.

Navne betyder noget – og de kan bære magt, velsignelse eller trældom.
Historie: "Hvorfor jeg måtte omdøbe min datter"

I *Greater Exploits 14* kaldte et nigeriansk par deres datter "Amaka", hvilket betyder "smuk", men hun led af en sjælden sygdom, der forvirrede lægerne. Under en profetisk konference modtog moderen en åbenbaring: navnet blev engang brugt af hendes bedstemor, en heksedoktor, hvis ånd nu gjorde krav på barnet.

De ændrede hendes navn til " Oluwatamilore " (Gud har velsignet mig), efterfulgt af faste og bønner. Barnet kom sig fuldstændigt.

En anden sag fra Indien involverede en mand ved navn "Karma", der kæmpede med generationsforbandelser. Efter at have forsømt sine hinduistiske bånd og ændret sit navn til "Jonathan", begyndte han at opleve gennembrud inden for økonomi og helbred.

Handlingsplan – Undersøgelse af dit navn

1. Undersøg den fulde betydning af jeres navne – fornavn, mellemnavn, efternavn.
2. Spørg forældre eller ældre, hvorfor du har fået disse navne.
3. Giv afkald på negative åndelige betydninger eller dedikationer i bøn.
4. Erklær din guddommelige identitet i Kristus:

"Jeg er kaldet ved Guds navn. Mit nye navn er skrevet i himlen (Åbenbaringen 2:17)."

GRUPPEENGAGEMENT

- Spørg medlemmerne: Hvad betyder dit navn? Har du haft drømme om det?
- Bed en "navngivningsbøn" – hvor du profetisk erklærer hver persons identitet.
- Læg hænderne på dem, der har brug for at bryde med navne knyttet til pagter eller forfædres trældom.

Værktøjer: Udskriv kort med betydningen af navnene, medbring salveolie, brug skriftsteder med navneændringer.

Vigtig indsigt

Du kan ikke gå i din sande identitet, mens du stadig svarer på en falsk.

Refleksionsjournal

- Hvad betyder mit navn – åndeligt og kulturelt?
- Føler jeg mig i overensstemmelse med mit navn, eller er jeg i konflikt med det?
- Hvad kalder himlen mig?

Bøn om omdøbning

Fader, i Jesu navn takker jeg dig for at have givet mig en ny identitet i Kristus. Jeg bryder enhver forbandelse, pagt eller dæmonisk bånd forbundet med mine navne. Jeg afsværger ethvert navn, der ikke stemmer overens med din vilje. Jeg modtager det navn og den identitet, himlen har givet mig - fuld af kraft, formål og renhed. I Jesu navn, Amen.

DAG 8: AFSLØRING AF FALSK LYS — NEW AGE-FÆLDER OG ENGLEBEDRAG

"*Og det er ikke så mærkeligt! For Satan selv forvandler sig til en lysets engel.*" - 2 Korintherbrev 11:14
"*I elskede, tro ikke enhver ånd, men prøv ånderne, om de er fra Gud...*" - 1 Johannesbrev 4:1

Ikke alt, der gløder, er Gud.

I dagens verden søger et stigende antal mennesker "lys", "helbredelse" og "energi" uden for Guds ord. De vender sig mod meditation, yogaaltre, aktivering af det tredje øje, tilkaldelse af forfædre, tarotlæsninger, måneritualer, englekanalisering og endda kristent klingende mystik. Bedraget er stærkt, fordi det ofte kommer med fred, skønhed og kraft - i starten.

Men bag disse bevægelser står spådomsånder, falske profetier og gamle guddomme, der bærer lysets maske for at få lovlig adgang til folks sjæle.

Global rækkevidde af falsk lys

- **Nordamerika** – Krystaller, salvieudrensning, tiltrækningsloven, clairvoyante, koder for fremmede lys.
- **Europa** – Omdøbt hedenskab, gudindedyrkelse, hvid hekseri, spirituelle festivaler.
- **Latinamerika** – Santeria blandet med katolske helgener, spiritistiske healere (curanderos).
- **Afrika** – Profetiske forfalskninger ved hjælp af englealtre og rituelt vand.
- **Asien** – Chakraer, yoga "oplysning", reinkarnationsrådgivning, tempelånder.

Disse praksisser kan tilbyde midlertidigt "lys", men de formørker sjælen over tid.

Vidnesbyrd: Befrielse fra lyset, der bedragede

Fra *Greater Exploits 14* havde Mercy (UK) deltaget i engleworkshops og praktiseret "kristen" meditation med røgelse, krystaller og englekort. Hun troede, at hun havde adgang til Guds lys, men begyndte snart at høre stemmer, mens hun sov, og føle uforklarlig frygt om natten.

Hendes udfrielse begyndte, da nogen gav hende *The Jameses Exchange*, og hun indså lighederne mellem sine oplevelser og en tidligere satanists oplevelser, der talte om englebedrag. Hun omvendte sig, ødelagde alle okkulte genstande og underkastede sig fulde udfrielsesbønner.

I dag vidner hun frimodigt imod New Age-bedrag i kirker og har hjulpet andre med at afsværge lignende veje.

Handlingsplan – Test af ånderne

1. **Lav en opgørelse over dine praksisser og overbevisninger** – stemmer de overens med Skriften, eller føles de bare spirituelle.
2. **Giv afkald på og ødelæg** alle materialer fra falsk lys: krystaller, yogamanualer, englekort, drømmefangere osv.
3. **Bed Salme 119:105** – bed Gud om at gøre hans ord til dit eneste lys.
4. **Erklær krig mod forvirring** — bind familiære ånder og falsk åbenbaring.

GRUPPEANSØGNING

- **Diskuter** : Har du eller nogen du kender været tiltrukket af "spirituelle" praksisser, der ikke centrerede sig om Jesus?
- **Rollespil om dømmekraft** : Læs uddrag af "åndelige" ordsprog (f.eks. "Stol på universet") og kontrastér dem med Skriften.
- **Salvelses- og befrielsessession** : Nedbryd altre for falsk lys og erstat dem med en pagt til *verdens lys* (Johannes 8:12).

Ministeriets værktøjer :

- Medbring faktiske New Age-genstande (eller billeder af dem) til objektundervisning.
- Bed om befrielse mod dæmoniske ånder (se Apostlenes Gerninger 16:16-18).

Vigtig indsigt
Satans farligste våben er ikke mørke – det er forfalsket lys.

Refleksionsjournal

- Har jeg åbnet åndelige døre gennem "lys"-lærdomme, der ikke er forankret i Skriften?
- Stoler jeg på Helligånden eller på intuition og energi?
- Er jeg villig til at opgive alle former for falsk spiritualitet for Guds sandhed?

BØN OM FORSAGELSE

Fader, jeg angrer for enhver måde, jeg har underholdt eller engageret mig i det falske lys. Jeg afsværger alle former for New Age, hekseri og vildledende spiritualitet. Jeg bryder ethvert sjælebånd til engleagtige bedragere, åndelige vejledere og falsk åbenbaring. Jeg modtager Jesus, verdens sande Lys. Jeg erklærer, at jeg ikke vil følge nogen anden stemme end Din, i Jesu navn. Amen.

DAG 9: BLODALTERET — PAGT DER KRÆVER ET LIV

"**O**g de byggede Ba'als offerhøje ... for at lade deres sønner og døtre gå gennem ilden for Molok." - Jeremias 32:35
"Og de overvandt ham ved Lammets blod og ved deres vidnesbyrds ord ..." - Åbenbaringen 12:11

Der er altre, der ikke bare beder om din opmærksomhed – de kræver dit blod.

Fra oldtiden til i dag har blodpagter været en central praksis i mørkets rige. Nogle indgås bevidst gennem hekseri, abort, rituelle drab eller okkulte indvielser. Andre arves gennem forfædres praksis eller indgås ubevidst gennem åndelig uvidenhed.

Hvor som helst uskyldigt blod udgydes – hvad enten det er i helligdomme, soveværelser eller bestyrelseslokaler – taler et dæmonisk alter.

Disse altre kræver liv, afkorter skæbner og skaber et lovligt grundlag for dæmonisk plage.

Globale blodaltre

- **Afrika** – Rituelle drab, pengeritualer, børneofringer, blodpagter ved fødslen.
- **Asien** – Blodofre i tempel, familieforbandelser gennem abort eller krigseder.
- **Latinamerika** – Santeria-dyreofringer, blodofre til de dødes ånder.
- **Nordamerika** – Abort-som-sakrament-ideologi, dæmoniske blodedsbroderskaber.
- **Europa** – Gamle druidiske og frimurerritualer, blodsudgydelsesaltre fra 2. verdenskrig stadig uforbederlige.

Disse pagter, medmindre de brydes, fortsætter med at kræve liv, ofte i cyklusser.

Sand historie: En fars offer

I *Delivered from the Power of Darkness* opdagede en kvinde fra Centralafrika under en befrielsessession, at hendes hyppige konfrontationer med døden var forbundet med en blodsed, hendes far havde aflagt. Han havde lovet hende livet i bytte for rigdom efter flere års infertilitet.

Efter hendes fars død begyndte hun at se skygger og opleve næsten fatale ulykker hvert år på sin fødselsdag. Hendes gennembrud kom, da hun blev ledt til at erklære Salme 118:17 - *"Jeg skal ikke dø, men leve..."* - over sig selv dagligt, efterfulgt af en række bønner om afkald og faste. I dag leder hun en stærk forbønstjeneste.

En anden beretning fra *Greater Exploits 14* beskriver en mand i Latinamerika, der deltog i en bandeindvielse, der involverede udgydelse af blod. År senere, selv efter at have taget imod Kristus, var hans liv i konstant uro – indtil han brød blodspagten gennem en længere faste, offentlig bekendelse og vanddåb. Pinen stoppede.

Handlingsplan – At bringe blodaltrene til tavshed

1. **Omvend dig** fra enhver abort, okkulte blodpagter eller arvelig blodsudgydelse.
2. **Afsværg** alle kendte og ukendte blodpagter højt ved navn.
3. **Faste i 3 dage** med daglig nadver, og erklære Jesu blod som din juridiske beskyttelse.
4. **Erklær højt** :

"Ved Jesu blod bryder jeg enhver blodspagt, der er indgået på mine vegne. Jeg er forløst!"

GRUPPEANSØGNING

- Diskuter forskellen mellem naturlige blodsbånd og dæmoniske blodpagter.
- Brug rødt bånd/tråd til at repræsentere blodaltre og en saks til at

klippe dem profetisk.
- Bed om et vidnesbyrd fra en person, der er brudt fri fra blodsbundet trældom.

Ministeriets værktøjer :

- Nadverens elementer
- Salveolie
- Leveringserklæringer
- Visuel alterbrydning med levende lys, hvis muligt

Vigtig indsigt
Satan handler med blod. Jesus betalte for meget for din frihed med sin.

Refleksionsjournal

- Har jeg eller min familie deltaget i noget, der involverede blodsudgydelse eller eder?
- Er der tilbagevendende dødsfald, aborter eller voldelige mønstre i min blodslinje?
- Har jeg fuldt ud stolet på, at Jesu blod vil tale højere over mit liv?

Bøn om befrielse
Herre Jesus, jeg takker dig for dit dyrebare blod, der taler bedre end Abels blod. Jeg angrer enhver blodspagt, som jeg eller mine forfædre indgik, bevidst eller ubevidst. Jeg afsværger dem nu. Jeg erklærer, at jeg er dækket af Lammets blod. Lad ethvert dæmonisk alter, der kræver mit liv, blive tavs og knust. Jeg lever, fordi du døde for mig. I Jesu navn, Amen.

DAG 10: GULDHED & BRUDDHED — NÅR LIVMODEREN BLIV EN SLAGMARK

"*Ingen skal abortere eller være ufrugtbar i dit land; jeg vil opfylde dine dages antal.*" - 2. Mosebog 23:26
"*Han giver den barnløse kvinde en familie, gør hende til en lykkelig mor. Pris Herren!*" - Salme 113:9

Infertilitet er mere end et medicinsk problem. Det kan være en åndelig fæstning, der er rodfæstet i dybe følelsesmæssige, forfædres og endda territoriale kampe.

På tværs af nationer bruger fjenden ufrugtbarhed til at udskamme, isolere og ødelægge kvinder og familier. Mens nogle årsager er fysiologiske, er mange dybt åndelige – knyttet til generationsaltre, forbandelser, åndelige ægtefæller, aborterede skæbner eller sjælesår.

Bag enhver ufrugtbar livmoder har himlen et løfte. Men der er ofte en krig, der skal kæmpes før undfangelsen – i livmoderen og i ånden.

Globale mønstre af ufrugtbarhed

- **Afrika** – Forbundet med polygami, forfædres forbandelser, helligdomspagter og åndebørn.
- **Asien** – Karma-overbevisninger, løfter fra tidligere liv, generationsforbandelser, skamkultur.
- **Latinamerika** – Heksekunst-induceret livmoderlukning, misundelsesbesværgelser.
- **Europa** – overafhængighed af IVF, frimureriske børneofringer, abortskyld.
- **Nordamerika** – Følelsesmæssige traumer, sjælesår, spontan abort, hormonændrende medicin.

VIRKELIGE HISTORIER – Fra tårer til vidnesbyrd
Maria fra Bolivia (Latinamerika)

Maria havde haft 5 spontane aborter. Hver gang drømte hun om at holde en grædende baby og så blod den næste morgen. Lægerne kunne ikke forklare hendes tilstand. Efter at have læst et vidnesbyrd i *Greater Exploits* , indså hun, at hun havde arvet et familiealter af ufrugtbarhed fra en bedstemor, der havde dedikeret alle kvindelige livmodere til en lokal guddom.

Hun fastede og fremsagde Salme 113 i 14 dage. Hendes præst ledte hende i at bryde pagten ved hjælp af nadveren. Ni måneder senere fødte hun tvillinger.

Ngozi fra Nigeria (Afrika)

Ngozi havde været gift i 10 år uden at få børn. Under befrielsesbønner blev det afsløret, at hun havde været gift i ånderiglen med en marineægtemand. Ved hver ægløsningscyklus havde hun seksuelle drømme. Efter en række midnatsbønner og en profetisk handling med at brænde sin vielsesring fra en tidligere okkult indvielse, åbnede hendes livmoder sig.

Handlingsplan – Åbning af livmoderen

1. **Identificér roden** – forfædres, følelsesmæssig, ægteskabelig eller medicinsk.
2. **Omvendelse fra tidligere aborter** , sjælebånd, seksuelle synder og okkulte dedikationer.
3. **Salv din moderliv dagligt,** mens du erklærer Anden Mosebog 23:26 og Salme 113.
4. **Fast i 3 dage** , og tag nadver dagligt, og afvis alle altre, der er bundet til din livmoder.
5. **Tal højt** :

Min moderliv er velsignet. Jeg afviser enhver pagt om ufrugtbarhed. Jeg skal blive gravid og føde til termin ved Helligåndens kraft!

Gruppeansøgning

- Inviter kvinder (og par) til at dele byrderne ved forsinkelser i et trygt og bønfuldt rum.
- Brug røde tørklæder eller klæder bundet om taljen – og løsn dem derefter profetisk som et tegn på frihed.
- Led en profetisk "navngivnings"-ceremoni — erklær børn, der endnu ikke er født ved tro.
- Bryd ordforbandelser, kulturel skam og selvhad i bedekredse.

Ministerielle værktøjer:

- Olivenolie (salver livmodere)
- Fællesskab
- Kapper/sjaler (symboliserer tildækning og nytænkning)

Vigtig indsigt

Ufrugtbarhed er ikke enden – det er et kald til krig, til tro og til genoprettelse. Guds forsinkelse er ikke fornægtelse.

Refleksionsjournal

- Hvilke følelsesmæssige eller åndelige sår er knyttet til min livmoder?
- Har jeg ladet skam eller bitterhed erstatte mit håb?
- Er jeg villig til at konfrontere de grundlæggende årsager med tro og handling?

Bøn om helbredelse og undfangelse

Fader, jeg står fast på Dit Ord, der siger, at ingen skal være ufrugtbar i landet. Jeg afviser enhver løgn, alter og ånd, der er tildelt at blokere min frugtbarhed. Jeg tilgiver mig selv og andre, der har talt ondt om min krop. Jeg modtager helbredelse, genoprettelse og liv. Jeg erklærer min moderliv frugtbar og min glæde fuld. I Jesu navn. Amen.

DAG 11: AUTOIMMUNE LIDELSER & KRONISK TRÆTHED — DEN USYNLIGE INDRE KRIG

"**E***t hus, der er i splid med sig selv, kan ikke bestå."* - Matthæus 12:25
"*Han giver de svage kraft, og de kraftesløse giver han stor styrke."* - Esajas 40:29

Autoimmune sygdomme er sygdomme, hvor kroppen angriber sig selv – forveksler sine egne celler med fjender. Lupus, leddegigt, multipel sklerose, Hashimotos og andre falder ind under denne gruppe.

Kronisk træthedssyndrom (CFS), fibromyalgi og andre uforklarlige udmattelseslidelser overlapper ofte med autoimmune problemer. Men ud over det biologiske bærer mange, der lider, på følelsesmæssige traumer, sjælesår og åndelige byrder.

Kroppen skriger – ikke bare efter medicin, men efter fred. Mange er i krig indeni.

Globalt glimt

- **Afrika** – Stigende forekomst af autoimmune diagnoser forbundet med traumer, forurening og stress.
- **Asien** – Høje forekomster af skjoldbruskkirtellidelser forbundet med forfædres undertrykkelse og skamkultur.
- **Europa og Amerika** – Kronisk træthed og udbrændthedsepidemi fra en præstationsdrevet kultur.
- **Latinamerika** – Lidende bliver ofte fejldiagnosticeret; stigmatisering og åndelige angreb gennem sjælefragmentering eller forbandelser.

Skjulte åndelige rødder

- **Selvhad eller skam** — følelsen af "ikke at være god nok".
- **Utilgivelse over for sig selv eller andre** — immunsystemet efterligner den åndelige tilstand.
- **Ubearbejdet sorg eller svigt** — åbner døren for sjælens træthed og fysisk sammenbrud.
- **Heksekunst-plage eller jalousi-pile** — bruges til at dræne åndelig og fysisk styrke.

Sande historier – kampe udkæmpet i mørket
Elena fra Spanien.
Elena blev diagnosticeret med lupus efter et langt, voldeligt forhold, der knuste hende følelsesmæssigt. I terapi og bøn kom det frem, at hun havde internaliseret had og troet, at hun var værdiløs. Da hun begyndte at tilgive sig selv og konfrontere sjælens sår med Skriften, aftog hendes opblussen drastisk. Hun vidner om Ordets helbredende kraft og sjælens renselse.

James fra USA
James, en målrettet virksomhedsleder, kollapsede på grund af CFS efter 20 år med uafbrudt stress. Under befrielsen blev det afsløret, at en generationsforbandelse af stræben uden hvile plagede mændene i hans familie. Han gik ind i en tid med sabbat, bøn og bekendelse, og fandt ikke kun genoprettet helbred, men også identitet.

Handlingsplan – Helbredelse af sjælen og immunsystemet

1. **Bed Salme 103:1-5** højt hver morgen – især vers 3-5.
2. **Lav en liste over dine indre overbevisninger** – hvad siger du til dig selv? Bryd løgne.
3. **Tilgiv dybt** – især dig selv.
4. **Tag nadver** for at nulstille legemspagten – se Esajas 53.
5. **Hvil i Gud** – Sabbatten er ikke valgfri, den er åndelig krigsførelse mod udbrændthed.

Jeg erklærer, at min krop ikke er min fjende. Hver celle i mig skal være i overensstemmelse med guddommelig orden og fred. Jeg modtager Guds styrke og helbredelse.

Gruppeansøgning

- Få medlemmerne til at dele træthedsmønstre eller følelsesmæssig udmattelse, de skjuler.
- Lav en "sjæledump"-øvelse – skriv byrder ned, og brænd eller begrav dem derefter symbolsk.
- Læg hænderne på dem, der lider af autoimmune symptomer; frembyd balance og fred.
- Opfordr til 7-dages dagbogsføring af følelsesmæssige udløsere og helende skriftsteder.

Ministerielle værktøjer:

- Æteriske olier eller duftende salvelse til forfriskning
- Journaler eller notesblokke
- Salme 23 meditationslydspor

Vigtig indsigt

Det, der angriber sjælen, manifesterer sig ofte i kroppen. Helbredelse skal flyde indefra og ud.

Refleksionsjournal

- Føler jeg mig tryg i min egen krop og mine tanker?
- Bærer jeg på skam eller skyld over tidligere fiaskoer eller traumer?
- Hvad kan jeg gøre for at begynde at ære hvile og fred som spirituelle praksisser?

Bøn om genoprettelse

Herre Jesus , du er min helbreder. I dag afviser jeg enhver løgn om, at jeg er knækket, beskidt eller dømt. Jeg tilgiver mig selv og andre. Jeg velsigner hver celle i min krop. Jeg modtager fred i min sjæl og balance i mit immunsystem. Ved dine sår er jeg helbredt. Amen.

DAG 12: EPILEPSI & MENTAL TORMENT — NÅR SINDET BLIV EN SLAGMARK

"*Herre, forbarm dig over min søn, for han er sindssyg og lider hårdt; for ofte falder han i ilden og ofte i vandet.*" - Matthæus 17:15

"*Gud har ikke givet os frygtens ånd, men kraftens, kærlighedens og sindighedens ånd.*" - 2 Timoteus 1:7

Nogle lidelser er ikke bare medicinske – de er åndelige slagmarker forklædt som sygdom.

Epilepsi, anfald, skizofreni, bipolare episoder og mønstre af plage i sindet har ofte usynlige rødder. Selvom medicin har en plads, er dømmekraft afgørende. I mange bibelske beretninger var anfald og mentale anfald et resultat af dæmonisk undertrykkelse.

Det moderne samfund medicinerer det, Jesus ofte *udstødte*.

Global virkelighed

- **Afrika** – Anfald tilskrives ofte forbandelser eller forfædres ånder.
- **Asien** – Epileptikere skjules ofte på grund af skam og åndelig stigmatisering.
- **Latinamerika** – Skizofreni forbundet med generationsskifteheksri eller afbrudte kald.
- **Europa og Nordamerika** – Overdiagnosticering og overmedicinering maskerer ofte dæmoniske underliggende årsager.

Virkelige historier – Befrielse i ilden
Musa fra det nordlige Nigeria

Musa havde haft epileptiske anfald siden barndommen. Hans familie prøvede alt – fra lokale læger til kirkebønner. En dag, under en befrielsesceremoni, åbenbarede Ånden, at Musas bedstefar havde ofret ham i en heksehandel. Efter at have brudt pagten og salvet ham, havde han aldrig et anfald igen.

Daniel fra Peru

Daniel blev diagnosticeret med bipolar lidelse og kæmpede med voldsomme drømme og stemmer. Han opdagede senere, at hans far havde været involveret i hemmelige sataniske ritualer i bjergene. Befrielsesbønner og en tre-dages faste bragte klarhed. Stemmerne stoppede. I dag er Daniel rolig, genoprettet og forbereder sig på tjeneste.

Tegn at holde øje med

- Gentagne episoder med anfald uden kendt neurologisk årsag.
- Stemmer, hallucinationer, voldelige eller selvmordstanker.
- Tab af tid eller hukommelse, uforklarlig frygt eller fysiske anfald under bøn.
- Familiemønstre med sindssyge eller selvmord.

Handlingsplan – Tag autoritet over sindet

1. **Omvend dig fra alle kendte okkulte bånd, traumer eller forbandelser.**
2. **Læg daglig hænderne på dit hoved og bevidn at du har et sundt sind (2 Timoteus 1:7).**
3. **Faste og bed over sindsbindende ånder.**
4. **Bryd forfædres eder, dedikationer eller blodslinjeforbandelser.**
5. **Hvis det er muligt, så slut dig til en stærk bønnepartner eller et befrielsesteam.**

Jeg afviser enhver ånd af pine, anfald og forvirring. Jeg modtager et sundt sind og stabile følelser i Jesu navn!

Gruppeministerium og anvendelse

- Identificer familiemønstre for psykisk sygdom eller anfald.
- Bed for de lidende – brug salveolie på panden.
- Lad forbederne gå rundt i rummet og erklære: "Fri, vær stille!" (Markus 4:39)
- Opfordr de berørte til at bryde mundtlige aftaler: "Jeg er ikke sindssyg. Jeg er helbredt og rask."

Ministerielle værktøjer:

- Salveolie
- Helbredelseserklæringskort
- Lovsangsmusik, der fremmer fred og identitet

Vigtig indsigt

Ikke alle lidelser er kun fysiske. Nogle har rod i gamle pagter og dæmoniske juridiske grunde, der skal behandles åndeligt.

Refleksionsjournal

- Har jeg nogensinde været plaget i mine tanker eller søvn?
- Er der uhelede traumer eller spirituelle døre, jeg skal lukke?
- Hvilken sandhed kan jeg erklære dagligt for at forankre mit sind i Guds ord?

Sundhedens bøn

Herre Jesus, du er mit sinds genopretter. Jeg afsværger enhver pagt, traume eller dæmonisk ånd, der angriber min hjerne, følelser og klarhed. Jeg modtager helbredelse og et sundt sind. Jeg erklærer, at jeg vil leve og ikke dø. Jeg vil fungere med fuld styrke, i Jesu navn. Amen.

DAG 13: FRYGTENS ÅND — AT BRYDE BURET AF USYNLIG PIGEN

"*For Gud har ikke givet os fejgens ånd, men kraftens og kærlighedens og besindighedens ånd.*" — 2 Timoteus 1:7
"*Frygt har pinsler...*" — 1 Johannes 4:18

Frygt er ikke bare en følelse – det kan være en *ånd*.

Den hvisker fiasko, før du starter. Den forstørrer afvisning. Den lammer formål. Den lammer nationer.

Mange er i usynlige fængsler bygget af frygt: frygt for død, fiasko, fattigdom, mennesker, sygdom, åndelig krigsførelse og det ukendte.

Bag mange angstanfald, panikangst og irrationelle fobier ligger en åndelig opgave sendt for at **neutralisere skæbner**.

Globale manifestationer

- **Afrika** – Frygt rodfæstet i generationsforbandelser, gengældelse fra forfædre eller heksekonflikt.
- **Asien** – Kulturel skam, karmisk frygt, reinkarnationsangst.
- **Latinamerika** – Frygt for forbandelser, landsbylegender og åndelig gengældelse.
- **Europa og Nordamerika** – Skjult angst, diagnosticerede lidelser, frygt for konfrontation, succes eller afvisning – ofte spirituel, men betegnet som psykologisk.

Virkelige historier – Afmaskning af ånden
Sarah fra Canada

I årevis kunne Sarah ikke sove i mørke. Hun følte altid en tilstedeværelse i rummet. Lægerne diagnosticerede det som angst, men ingen behandling virkede. Under en online befrielsessession blev det afsløret, at en barndomsfrygt åbnede en dør til en plagende ånd gennem et mareridt og en gyserfilm. Hun angrede, afsværgede frygten og befalede den at gå. Hun sover nu i fred.

Uche fra Nigeria

Uche blev kaldet til at prædike, men hver gang han stod foran folk, frøs han til. Frygten var unaturlig – han kvæltes, han blev lammet. I sin bøn viste Gud ham et forbandelsesord, udtalt af en lærer, der hånede hans stemme som barn. Ordet dannede en åndelig kæde. Da det var brudt, begyndte han at prædike med frimodighed.

Handlingsplan – Overvindelse af frygt

1. **Bekend enhver frygt ved navn** : "Jeg afsværger frygten for [_____] i Jesu navn."
2. **Læs Salme 27 og Esajas 41 højt dagligt.**
3. **Tilbed indtil fred erstatter panik.**
4. **Hold dig væk fra frygtbaserede medier — gyserfilm, nyheder, sladder.**
5. **Erklær dagligt** : "Jeg har et sundt sind. Jeg er ikke slave af frygt."

Gruppeansøgning – Gennembrud i lokalsamfundet

- Spørg gruppemedlemmerne: Hvilken frygt har lammet dig mest?
- Opdel dig i små grupper og led bønner om **forsagelse** og **erstatning** (f.eks. frygt → frimodighed, angst → selvtillid).
- Lad hver person skrive en frygt ned og brænde den som en profetisk handling.
- Brug *salveolie* og *skriftens bekendelser* frem for hinanden.

Ministerielle værktøjer:

- Salveolie
- Skriftstedserklæringskort
- Lovsang: "No Longer Slaves" af Bethel

Vigtig indsigt

Tolereret frygt er **besmittet tro**.
Du kan ikke være modig og frygtsom på samme tid – vælg mod.
Refleksionsjournal

- Hvilken frygt har fulgt mig siden barndommen?
- Hvordan har frygt påvirket mine beslutninger, mit helbred eller mine relationer?
- Hvad ville jeg gøre anderledes, hvis jeg var fuldstændig fri?

Bøn om frihed fra frygt

Fader, jeg afsværger frygtens ånd. Jeg lukker enhver dør gennem traumer, ord eller synd, der gav frygt adgang. Jeg modtager kraftens, kærlighedens og et sundt sindets Ånd. Jeg erklærer frimodighed, fred og sejr i Jesu navn. Frygt har ikke længere en plads i mit liv. Amen.

DAG 14: SATANISKE MÆRKER — UDSLETNING AF DET UHELLIGE MÆRKE

"*Fra nu af må ingen gøre mig ubehagelig, for jeg bærer Herren Jesu mærker på mit legeme.*" - Galaterbrevet 6:17

"*De skal sætte mit navn på Israels børn, og jeg vil velsigne dem.*" - Fjerde Mosebog 6:27

Mange skæbner er i stilhed *præget* i den åndelige verden – ikke af Gud, men af fjenden.

Disse sataniske afmærkninger kan komme i form af mærkelige kropstegn, drømme om tatoveringer eller brændemærkning, traumatisk misbrug, blodritualer eller nedarvede altre. Nogle er usynlige – kun opfattede gennem åndelig følsomhed – mens andre viser sig som fysiske tegn, dæmoniske tatoveringer, åndelig brændemærkning eller vedvarende svagheder.

Når en person bliver mærket af fjenden, kan de opleve:

- Konstant afvisning og had uden grund.
- Gentagne spirituelle angreb og blokeringer.
- For tidlig død eller helbredskriser i visse aldre.
- Sporet i ånden — altid synlig for mørket.

Disse mærker fungerer som *lovlige tags*, der giver mørke ånder tilladelse til at plage, forsinke eller overvåge.

Men Jesu blod **renser** og **giver nyt brand**.

Globale udtryk

- **Afrika** – Stammemærker, rituelle snitsår, okkulte indvielsesar.
- **Asien** – Åndelige segl, forfædres symboler, karmiske mærker.

- **Latinamerika** – Brujeria (hekseri) indvielsesmærker, fødselstegn brugt i ritualer.
- **Europa** – Frimureriets emblemer, tatoveringer der påkalder åndelige vejledere.
- **Nordamerika** – New age-symboler, tatoveringer med rituelle overgreb, dæmonisk brændemærkning gennem okkulte pagter.

Virkelige historier – Kraften ved rebranding
David fra Uganda
David stod konstant over for afvisning. Ingen kunne forklare hvorfor, på trods af hans talent. I bøn så en profet et "åndeligt X" på sin pande - et mærke fra et barndomsritual udført af en landsbypræst. Under befrielsen blev mærket åndeligt slettet gennem salveolie og Jesu blods erklæringer. Hans liv ændrede sig inden for få uger - han blev gift, fik et job og blev ungdomsleder.

Sandra fra Brasilien
Sandra havde en dragetatovering fra sit teenageoprør. Efter at have givet sit liv til Kristus, oplevede hun intense åndelige angreb, hver gang hun fastede eller bad. Hendes præst opdagede, at tatoveringen var et dæmonisk symbol forbundet med at overvåge ånder. Efter en session med omvendelse, bøn og indre helbredelse fik hun tatoveringen fjernet og brød sjælebåndet. Hendes mareridt stoppede øjeblikkeligt.

Handlingsplan – Slet mærket

1. **Bed Helligånden** om at åbenbare eventuelle åndelige eller fysiske tegn i dit liv.
2. **Omvend dig** fra enhver personlig eller arvet involvering i de ritualer, der tillod dem.
3. **Påfør Jesu blod** på din krop – pande, hænder, fødder.
4. **Bryd overvågningsånder, sjælebånd og juridiske rettigheder** knyttet til mærker (se skriftsteder nedenfor).
5. **Fjern fysiske tatoveringer eller genstande** (som anvist), der er knyttet til mørke pagter.

Gruppeansøgning – Rebranding i Kristus

- Spørg gruppemedlemmerne: Har I nogensinde haft et mærke eller drømt om at blive brændemærket?
- Led en bøn om **renselse og genindvielse** til Kristus.
- Salv panderne med olie og erklær: *"I bærer nu Herren Jesu Kristi mærke."*
- Bryd overvågningsånderne af og omdan deres identitet i Kristus.

Ministerielle værktøjer:

- Olivenolie (velsignet til salvelse)
- Spejl eller hvid klud (symbolsk vaskehandling)
- Kommunion (besegl den nye identitet)

Vigtig indsigt

Det, der er markeret i ånden, **ses i ånden** – fjern det, fjenden brugte til at mærke dig.

Refleksionsjournal

- Har jeg nogensinde set mærkelige mærker, blå mærker eller symboler på min krop uden forklaring?
- Er der genstande, piercinger eller tatoveringer, jeg skal give afkald på eller fjerne?
- Har jeg fuldt ud genindviet min krop som et tempel for Helligånden?

Bøn om rebranding

Herre Jesus , jeg afsværger ethvert mærke, enhver pagt og enhver dedikation, der er indgået i min krop eller ånd uden for Din vilje. Ved Dit blod sletter jeg ethvert satanisk mærke. Jeg erklærer, at jeg er mærket alene for Kristus. Lad Dit ejerskabssegl være over mig, og lad enhver overvågende ånd miste sporet af mig nu. Jeg er ikke længere synlig for mørket. Jeg vandrer frit – i Jesu navn, Amen.

DAG 15: SPEJLRIGEET — UNDSLIPNING FRA REFLEKTIONERNES FÆNGSEL

"*For nu ser vi i et spejl, i et mørkt, men da ser vi ansigt til ansigt...*" — 1 Korintherbrev 13:12

"*De har øjne, men kan ikke se, ører, men kan ikke høre...*" — Salme 115:5-6

Der er et **spejlrig** i åndeverdenen – et sted med *forfalskede identiteter*, åndelig manipulation og mørke refleksioner. Det, mange ser i drømme eller syner, er måske ikke spejle fra Gud, men redskaber til bedrag fra det mørke rige.

I det okkulte bruges spejle til at **fange sjæle**, **overvåge liv** eller **overføre personligheder**. I nogle befrielsessessioner rapporterer folk, at de ser sig selv "leve" et andet sted - inde i et spejl, på en skærm eller bag et åndeligt slør. Disse er ikke hallucinationer. De er ofte sataniske fængsler designet til at:

- Fragmenter sjælen
- Forsinket skæbne
- Forvirre identitet
- Vær vært for alternative spirituelle tidslinjer

Målet? At skabe en *falsk version* af dig selv, der lever under dæmonisk kontrol, mens dit virkelige jeg lever i forvirring eller nederlag.

Globale udtryk

- **Afrika** – Spejlhekseri brugt af troldmænd til at overvåge, fange eller angribe.
- **Asien** – Shamaner bruger skåle med vand eller polerede sten til at "se" og tilkalde ånder.
- **Europa** – Sorte spejlritualer, nekromanti gennem refleksioner.

- **Latinamerika** – At kigge gennem obsidianspejle i aztekernes traditioner.
- **Nordamerika** – New age-spejlportaler, spejlbeskuelse til astralrejser.

Vidnesbyrd — "Pigen i spejlet"
Maria fra Filippinerne
Maria havde drømme om at være fanget i et rum fyldt med spejle. Hver gang hun gjorde fremskridt i livet, så hun en version af sig selv i spejlet, der trak hende baglæns. En nat under udfrielsen skreg hun og beskrev, hvordan hun så sig selv "gå ud af et spejl" til frihed. Hendes præst smurte hendes øjne og ledte hende i at give afkald på spejlmanipulation. Siden da har hendes mentale klarhed, forretnings- og familieliv forandret sig.

David fra Skotland
David, engang dybt opslugt af new age-meditation, praktiserede "spejlskygge-arbejde". Med tiden begyndte han at høre stemmer og se sig selv gøre ting, han aldrig havde til hensigt. Efter at have taget imod Kristus, brød en befrielsespræst spejlsjælens bånd og bad over hans sind. David rapporterede, at han følte sig som en "tåge lettet" for første gang i årevis.

Handlingsplan – Bryd spejlfortryllelsen

1. **Giv afkald på** al kendt eller ukendt involvering med spejle, der bruges åndeligt.
2. **Dæk alle spejle i dit hjem** med et stykke stof under bøn eller faste (hvis det er ledt).
3. **Smør dine øjne og pande** – erklær, at du nu kun ser, hvad Gud ser.
4. **Brug Skriften** til at erklære din identitet i Kristus, ikke i falsk refleksion:
    - *Esajas 43:1*
    - *2 Korintherbrev 5:17*
    - *Johannes 8:36*

GRUPPEANSØGNING – IDENTITETSGENDANNELSE

- Spørg: Har du nogensinde haft drømme om spejle, dobbeltgængere eller at blive overvåget?
- Led en bøn om identitetsgenopretning – og erklær frihed fra falske versioner af selvet.
- Læg hænderne på øjnene (symbolsk eller i bøn) og bed om klart syn.
- Brug et spejl i gruppen til profetisk at erklære: *"Jeg er den, Gud siger, jeg er. Intet andet."*

Ministerielle værktøjer:

- Hvidt klæde (dækkende symboler)
- Olivenolie til salvelse
- Guide til profetisk spejlerklæring

Vigtig indsigt
Fjenden elsker at forvrænge din opfattelse af dig selv – fordi din identitet er din adgang til skæbnen.

Refleksionsjournal

- Har jeg troet på løgne om, hvem jeg er?
- Har jeg nogensinde deltaget i spejlritualer eller ubevidst tilladt spejlheksi?
- Hvad siger Gud om, hvem jeg er?

Bøn om frihed fra spejlverdenen
Fader i himlen, jeg bryder enhver pagt med spejlverdenen – enhver mørk refleksion, åndelig dobbeltgænger og forfalsket tidslinje. Jeg afsværger alle falske identiteter. Jeg erklærer, at jeg er den, du siger, jeg er. Ved Jesu blod træder jeg ud af refleksionernes fængsel og ind i mit formåls fylde. Fra i dag ser jeg med Åndens øjne – i sandhed og klarhed. I Jesu navn, Amen.

DAG 16: AT BRYDE ORDFORBANDELSERNE — AT GENKRÆVE DIT NAVN, DIN FREMTID

"*Død og liv er i tungens vold...*" - Ordsprogene 18:21
   "*Intet våben, der smedes imod dig, skal have fremgang, og enhver tunge, der rejser sig imod dig til doms, skal du dømme...*" - Esajas 54:17

Ord er ikke bare lyde – de er **åndelige beholdere**, der bærer kraft til at velsigne eller binde. Mange mennesker går ubevidst under **vægten af forbandelser, der er udtalt** over dem af forældre, lærere, åndelige ledere, ekskærester eller endda deres egen mund.

Nogle har hørt disse før:

- "Du bliver aldrig til noget."
- "Du er ligesom din far – ubrugelig."
- "Alt, hvad du rører ved, fejler."
- "Hvis jeg ikke kan få dig, er der ingen, der vil."
- "Du er forbandet ... se og se."

Ord som disse, når de først er sagt i vrede, had eller frygt – især af en person med autoritet – kan blive en åndelig snare. Selv selvudtalte forbandelser som *"Jeg ville ønske, jeg aldrig var født"* eller *"Jeg bliver aldrig gift"* kan give fjenden juridisk grundlag.

Globale udtryk

- **Afrika** – Stammeforbandelser, forældreforbandelser over oprør, markedspladsforbandelser.
- **Asien** – Karma-baserede orderklæringer, forfædreløfter afgivet over børn.

- **Latinamerika** – Brujeria (hekseri) forbandelser aktiveret af det talte ord.
- **Europa** – Udtalte trolddom, familie-"profetier", der opfylder sig selv.
- **Nordamerika** – Verbal mishandling, okkulte tilråb, bekræftelser om selvhad.

Uanset om de hviskes eller råbes, bærer forbandelser udtalt med følelser og tro vægt i ånden.

Vidnesbyrd — "Da min mor talte om døden"
Keisha (Jamaica)

Keisha voksede op med at høre sin mor sige: *"Du er grunden til, at mit liv er ødelagt."* Hver fødselsdag skete der noget slemt. Som 21-årig forsøgte hun selvmord, overbevist om, at hendes liv ikke havde nogen værdi. Under en befrielsesceremoni spurgte præsten: *"Hvem talte døden over dit liv?"* Hun brød sammen. Efter at have givet afkald på ordene og givet slip på tilgivelse, oplevede hun endelig glæde. Nu lærer hun unge piger, hvordan de kan tale liv over sig selv.

Andrei (Rumænien)

Andreis lærer sagde engang: *"Du ender i fængsel eller dør, før du fylder 25."* Den udtalelse hjemsøgte ham. Han faldt ind i kriminalitet, og som 24-årig blev han arresteret. I fængslet mødte han Kristus og indså den forbandelse, han havde accepteret. Han skrev et tilgivelsesbrev til læreren, rev alle de løgner, der blev sagt om ham, i stykker og begyndte at forkynde Guds løfter. Han leder nu en opsøgende tjeneste i fængsler.

Handlingsplan – Vend forbandelsen

1. Skriv negative udsagn ned, der er blevet sagt om dig – af andre eller dig selv.
2. I bøn, **afsværg ethvert ord, der forbander** (sig det højt).
3. **Giv tilgivelse** til den person, der sagde det.
4. **Tal Guds sandhed** over dig selv for at erstatte forbandelsen med velsignelse:
    - *Jeremias 29:11*
    - *Femte Mosebog 28:13*
    - *Romerne 8:37*

- *Salme 139:14*

Gruppeansøgning – Ordets kraft

- Spørg: Hvilke udsagn har formet din identitet – gode eller dårlige?
- I grupper, udtal forbandelser højt (med følsomhed), og udtal velsignelser i stedet.
- Brug skriftstedskort — hver person læser 3 sandheder om deres identitet højt.
- Opfordr medlemmerne til at begynde et 7-dages *velsignelsesdekret* over sig selv.

Ministerielle værktøjer:

- Flashkort med skriftidentitet
- Olivenolie til at salve munde (helliggørende tale)
- Spejlerklæringer – tal sandheden over dit spejlbillede dagligt

Vigtig indsigt

Hvis der blev udtalt en forbandelse, kan den brydes – og et nyt livsord kan udtales i dens sted.

Refleksionsjournal

- Hvis ord har formet min identitet?
- Har jeg forbandet mig selv af frygt, vrede eller skam?
- Hvad siger Gud om min fremtid?

Bøn for at bryde ordforbandelser

Herre Jesus, jeg afsværger enhver forbandelse, der er udtalt over mit liv – af familie, venner, lærere, elskere og endda mig selv. Jeg tilgiver enhver stemme, der erklærede fiasko, afvisning eller død. Jeg bryder kraften i disse ord nu, i Jesu navn. Jeg taler velsignelse, gunst og skæbne over mit liv. Jeg er den, du siger, jeg er – elsket, udvalgt, helbredt og fri. I Jesu navn. Amen.

DAG 17: BEFRIELSE FRA KONTROL OG MANIPULATION

"**H**ekseri er ikke altid kåber og kedler – nogle gange er det ord, følelser og usynlige snore."

"For oprør er som trolddomssynd, og stædighed er som uretfærdighed og afgudsdyrkelse."
- *1 Samuel 15:23*

Hekseri findes ikke kun i helligdomme. Det bærer ofte et smil og manipulerer gennem skyldfølelse, trusler, smiger eller frygt. Bibelen sidestiller oprør - især det oprør, der udøver ugudelig kontrol over andre - med hekseri. Hver gang vi bruger følelsesmæssigt, psykologisk eller åndeligt pres til at dominere en andens vilje, bevæger vi os i farligt territorium.

Globale manifestationer

- **Afrika** – Mødre, der forbander børn i vrede, elskere, der binder andre med "juju" eller kærlighedsdrikke, spirituelle ledere, der intimiderer tilhængere.
- **Asien** – Guru-kontrol over disciple, forældreafpresning i arrangerede ægteskaber, manipulationer med energisnorer.
- **Europa** – Frimurereder, der kontrollerer generationsadfærd, religiøs skyld og dominans.
- **Latinamerika** – Brujería (hekseri) brugt til at holde partnere tilbage, følelsesmæssig afpresning rodfæstet i familieforbandelser.
- **Nordamerika** – Narcissistisk forældrerollen, manipulerende lederskab maskeret som "åndelig dækning", frygtbaseret profeti.

Hekseriets stemme hvisker ofte: *"Hvis du ikke gør dette, mister du mig, mister Guds gunst eller lider."*

Men sand kærlighed manipulerer aldrig. Guds stemme bringer altid fred, klarhed og valgfrihed.

Den sande historie — At bryde den usynlige snor

Grace fra Canada var dybt involveret i en profetisk tjeneste, hvor lederen begyndte at diktere, hvem hun kunne date, hvor hun kunne bo, og endda hvordan hun skulle bede. I starten føltes det åndeligt, men med tiden følte hun sig som en fange af hans meninger. Hver gang hun forsøgte at træffe en uafhængig beslutning, fik hun at vide, at hun "gjorde oprør mod Gud". Efter et sammenbrud og læsning af *Greater Exploits 14* indså hun, at dette var karismatisk hekseri - kontrol forklædt som profeti.

Grace gav afkald på sjælebåndet til sin spirituelle leder, angrede sin egen indvilligelse i manipulation og sluttede sig til et lokalt fællesskab for at få helbredelse. I dag er hun hel og hjælper andre med at komme ud af religiøs mishandling.

Handlingsplan — At skelne heksekunst i forhold

1. Spørg dig selv: *Føler jeg mig fri omkring denne person, eller er jeg bange for at skuffe dem?*
2. Lav en liste over forhold, hvor skyldfølelse, trusler eller smiger bruges som kontrolredskaber.
3. Giv afkald på ethvert følelsesmæssigt, spirituelt eller sjæleligt bånd, der får dig til at føle dig domineret eller stemmeløs.
4. Bed højt om at bryde enhver manipulerende snor i dit liv.

Skriftværktøjer

- **1 Samuel 15:23** – Oprør og hekseri
- **Galaterbrevet 5:1** – "Stå fast ... lad jer ikke igen tynge af trælleåg."
- **2 Korintherbrev 3:17** – "Hvor Herrens Ånd er, dér er der frihed."
- **Mika 3:5-7** – Falske profeter bruger intimidering og bestikkelse

Gruppediskussion og -ansøgning

- Del (anonymt hvis nødvendigt) en oplevelse, hvor du følte dig manipuleret åndeligt eller følelsesmæssigt.

- Rollespil en "sandhedsfortællende" bøn – slip kontrollen over andre og tag din vilje tilbage.
- Få medlemmerne til at skrive breve (virkelige eller symbolske), hvori de bryder båndene med kontrollerende personer og erklærer frihed i Kristus.

Ministerielle værktøjer:

- Par befrielsespartnere.
- Brug salveolie til at erklære frihed over sind og vilje.
- Brug nadveren til at genoprette pagten med Kristus som den *eneste sande beskyttelse*.

Vigtig indsigt

Hvor manipulation lever, trives hekseri. Men hvor Guds Ånd er, er der frihed.

Refleksionsjournal

- Hvem eller hvad har jeg tilladt at kontrollere min stemme, vilje eller retning?
- Har jeg nogensinde brugt frygt eller smiger for at få min vilje?
- Hvilke skridt vil jeg tage i dag for at vandre i Kristi frihed?

Bøn om befrielse

Himmelske Fader, jeg afsværger enhver form for følelsesmæssig, åndelig og psykologisk manipulation, der opererer i eller omkring mig. Jeg afskærer ethvert sjælebånd, der er rodfæstet i frygt, skyld og kontrol. Jeg bryder fri fra oprør, dominans og intimidering. Jeg erklærer, at jeg alene ledes af Din Ånd. Jeg modtager nåde til at vandre i kærlighed, sandhed og frihed. I Jesu navn. Amen.

DAG 18: AT BRYDNE MAGTET I UFORLIGELSE OG BITTERHED

"**U***tilgivelse er som at drikke gift og forvente, at den anden person skal dø."*
"**Se til, at ingen bitter rod vokser op og forårsager uorden og besmitter mange."**
- Hebræerne 12:15

Bitterhed er en stille ødelægger. Den kan begynde med smerte – et forræderi, en løgn, et tab – men når den ikke holdes under kontrol, udvikler den sig til utilgivelse og til sidst til en rod, der forgifter alt.

Utilgivelse åbner døren for plagende ånder (Mattæus 18:34). Det slører dømmekraften, hindrer helbredelse, kvæler dine bønner og blokerer strømmen af Guds kraft.

Befrielse handler ikke kun om at uddrive dæmoner – det handler om at give slip på det, du har holdt indeni.

GLOBALE UDTRYK FOR bitterhed

- **Afrika** – Stammekrige, politisk vold og familieforræderi gik i arv gennem generationer.
- **Asien** – Vanære mellem forældre og børn, kastebaserede sår, religiøst forræderi.
- **Europa** – Generations tavshed om misbrug, bitterhed over skilsmisse eller utroskab.
- **Latinamerika** – Sår fra korrupte institutioner, afvisninger fra familien, åndelig manipulation.
- **Nordamerika** – Kirkesorg, racetraumer, fraværende fædre,

uretfærdighed på arbejdspladsen.

Bitterhed råber ikke altid. Nogle gange hvisker den: "Jeg vil aldrig glemme, hvad de gjorde."

Men Gud siger: *Lad det gå – ikke fordi de fortjener det, men fordi **du** gør det.*

Den virkelige historie — Kvinden der ikke ville tilgive

Maria fra Brasilien var 45, da hun første gang kom for at blive udfriet. Hver nat drømte hun om at blive kvalt. Hun havde mavesår, forhøjet blodtryk og depression. Under sessionen blev det afsløret, at hun havde næret had mod sin far, som misbrugte hende som barn – og senere forlod familien.

Hun var blevet kristen, men havde aldrig tilgivet ham.

Mens hun græd og gav slip på ham foran Gud, fik hendes krop krampetrækninger – noget gik i stykker. Den nat sov hun fredeligt for første gang i 20 år. To måneder senere begyndte hendes helbred at blive drastisk bedre. Hun deler nu sin historie som healing coach for kvinder.

Handlingsplan — Udrivning af den bitre rod

1. **Nævn det** – Skriv navnene ned på dem, der har såret dig – selv dig selv eller Gud (hvis du i hemmelighed har været vred på Ham).
2. **Slip det** – Sig højt: *"Jeg vælger at tilgive [navn] for [specifik forseelse]. Jeg slipper dem og befrier mig selv."*
3. **Brænd det** – Hvis det er sikkert at gøre det, så brænd eller makuler papiret som en profetisk befrielseshandling.
4. **Bed om velsignelse** over dem, der har gjort dig uret – selv hvis dine følelser gør modstand. Dette er åndelig krigsførelse.

Skriftværktøjer

- *Matthæus 18:21-35* – Lignelsen om den uforsonlige tjener
- *Hebræerne 12:15* – Bitre rødder besmitter mange
- *Markus 11:25* – Tilgiv, så jeres bønner ikke hindres
- *Romerne 12:19-21* – Overlad hævnen til Gud

GRUPPEANSØGNING OG -tjeneste

- Bed hver person (privat eller skriftligt) om at nævne en person, de har svært ved at tilgive.
- Opdel jer i bønnegrupper for at gennemgå tilgivelsesprocessen ved hjælp af bønnen nedenfor.
- Led en profetisk "brændingsceremoni", hvor skrevne fornærmelser destrueres og erstattes med erklæringer om helbredelse.

Ministerielle værktøjer:

- Tilgivelseserklæringskort
- Blød instrumentalmusik eller gennemblødende tilbedelse
- Glædens olie (til salvelse efter frigivelse)

Vigtig indsigt
Utilgivelse er en port, fjenden udnytter. Tilgivelse er et sværd, der skærer lænkens snor over.

Refleksionsjournal

- Hvem skal jeg tilgive i dag?
- Har jeg tilgivet mig selv – eller straffer jeg mig selv for tidligere fejltagelser?
- Tror jeg, at Gud kan genoprette det, jeg har mistet gennem forræderi eller fornærmelse?

Bøn om frigørelse
Herre Jesus, jeg kommer for Dig med min smerte, vrede og minder. Jeg vælger i dag – i tro – at tilgive alle, der har såret, misbrugt, forrådt eller afvist mig. Jeg lader dem gå. Jeg befrier dem fra dommen, og jeg befrier mig selv fra bitterhed. Jeg beder Dig om at helbrede hvert sår og fylde mig med Din fred. I Jesu navn. Amen.

DAG 19: HELING FRA SKAM OG FORDØMMELSE

"*Skam siger: 'Jeg er ond.' Fordømmelse siger: 'Jeg bliver aldrig fri.' Men Jesus siger: 'Du er min, og jeg har gjort dig ny.'*"
"De, der ser hen til ham, stråler; deres ansigter dækkes aldrig af skam."
- *Salme 34:5*

Skam er ikke bare en følelse – det er fjendens strategi. Det er den kappe, han svøber sig i om dem, der er faldet, fejlet eller blevet krænket. Den siger: "Du kan ikke komme tæt på Gud. Du er for beskidt. For beskadiget. For skyldig."

Men fordømmelse er en **løgn** – for i Kristus **er der ingen fordømmelse** (Romerne 8:1).

Mange mennesker, der søger befrielse, sidder fast, fordi de tror, de **ikke er værdige til frihed**. De bærer skyldfølelse som et skilt og gentager deres værste fejltagelser som en ødelagt plade.

Jesus betalte ikke bare for dine synder – han betalte for din skam.

Globale ansigter af skam

- **Afrika** – Kulturelle tabuer omkring voldtægt, barnløshed, barnløshed eller manglende ægteskab.
- **Asien** – Vanærebaseret skam fra familieforventninger eller religiøst frafald.
- **Latinamerika** – Skyldfølelse over aborter, okkult involvering eller familieskam.
- **Europa** – Skjult skam fra hemmelige synder, misbrug eller psykiske problemer.
- **Nordamerika** – Skam fra afhængighed, skilsmisse, pornografi eller identitetsforvirring.

Skam trives i stilhed – men den dør i lyset af Guds kærlighed.

Sand historie — Et nyt navn efter abort

Jasmine fra USA fik tre aborter, før hun kom til Kristus. Selvom hun var frelst, kunne hun ikke tilgive sig selv. Hver mors dag føltes som en forbandelse. Når folk talte om børn eller forældreskab, følte hun sig usynlig – og værre endnu, uværdig.

Under et kvinderetreat hørte hun et budskab om Esajas 61 – "i stedet for skam, en dobbelt portion." Hun græd. Den nat skrev hun breve til sine ufødte børn, omvendte sig igen for Herren og modtog et syn af Jesus, der gav hende nye navne: *"Elskede", "Moder", "Genoprettet".*

Hun betjener nu kvinder efter abort og hjælper dem med at genvinde deres identitet i Kristus.

Handlingsplan — Træd ud af skyggerne

1. **Navngiv skammen** – Skriv dagbog over, hvad du har skjult eller følt dig skyldig over.
2. **Bekend løgnen** – Skriv de beskyldninger ned, du har troet på (f.eks. "Jeg er beskidt", "Jeg er diskvalificeret").
3. **Erstat med Sandhed** – Forkynd Guds Ord højt over dig selv (se skriftsteder nedenfor).
4. **Profetisk handling** – Skriv ordet "SKAM" på et stykke papir, og riv eller brænd det. Erklær: *"Jeg er ikke længere bundet af dette!"*

Skriftværktøjer

- *Romerne 8:1-2* – Ingen fordømmelse i Kristus
- *Esajas 61:7* – Dobbelt portion for skam
- *Salme 34:5* – Strålende stråler i hans nærvær
- *Hebræerne 4:16* – Frimodig adgang til Guds trone
- *Zefanias 3:19-20* – Gud fjerner skam blandt nationerne

Gruppeansøgning og -tjeneste

- Bed deltagerne om at skrive anonyme skamudsagn (f.eks. "Jeg fik en abort", "Jeg blev misbrugt", "Jeg begik bedrageri") og læg dem i en lukket æske.
- Læs Esajas 61 højt, og led derefter en bøn for udveksling – sorg for glæde, aske for skønhed, skam for ære.
- Spil lovsangsmusik, der understreger identitet i Kristus.
- Tal profetiske ord over personer, der er klar til at give slip.

Ministerielle værktøjer:

- Identitetserklæringskort
- Salveolie
- Lovelsesplayliste med sange som "You Say" (Lauren Daigle), "No Longer Slaves" eller "Who You Say I Am"

Vigtig indsigt
Skam er en tyv. Den stjæler din stemme, din glæde og din autoritet. Jesus tilgav ikke bare dine synder – han fratog skammen dens kraft.

Refleksionsjournal

- Hvad er det tidligste minde om skam, jeg kan huske?
- Hvilken løgn har jeg troet om mig selv?
- Er jeg klar til at se mig selv, som Gud ser mig – ren, strålende og udvalgt?

Helbredelsens bøn
Herre Jesus, jeg bringer dig min skam, min skjulte smerte og enhver stemme af fordømmelse. Jeg angrer at være enig med fjendens løgne om, hvem jeg er. Jeg vælger at tro på, hvad du siger - at jeg er tilgivet, elsket og fornyet. Jeg modtager din retfærdigheds kappe og træder ind i friheden. Jeg går ud af skam og ind i din herlighed. I Jesu navn, Amen.

DAG 20: HUSHOLDNINGSHEKSERI — NÅR MØRKET BO UNDER SAMME TAG

"*Ikke alle fjender er udenfor. Nogle bærer velkendte ansigter.*"
"**En mands husstand vil være hans fjender.**"
- *Matthæus 10:36*

Nogle af de voldsomste åndelige kampe udkæmpes ikke i skove eller helligdomme – men i soveværelser, køkkener og familiealtre.

Husholdningshekseri refererer til dæmoniske operationer, der stammer fra ens familie - forældre, ægtefæller, søskende, huspersonale eller udvidede slægtninge - gennem misundelse, okkult praksis, forfædres altre eller direkte åndelig manipulation.

Befrielse bliver kompleks, når de involverede mennesker er **dem, vi elsker eller lever sammen med.**

Globale eksempler på huslige heksekunster

- **Afrika** – En jaloux stedmor sender forbandelser gennem mad; en søskende påkalder ånder mod en mere succesfuld bror.
- **Indien og Nepal** – Mødre dedikerer børn til guddomme ved fødslen; hjemmealtre bruges til at kontrollere skæbner.
- **Latinamerika** – Brujeria eller Santeria praktiseres i hemmelighed af slægtninge for at manipulere ægtefæller eller børn.
- **Europa** – Skjult frimureri eller okkulte eder i familielinjer; psykiske eller spiritualistiske traditioner overleveret.
- **Nordamerika** – Wicca- eller new age-forældre "velsigner" deres børn med krystaller, energirensning eller tarot.

Disse magter kan måske gemme sig bag familiekærlighed, men deres mål er kontrol, stagnation, sygdom og åndelig trældom.

Sand historie — Min far, landsbyens profet

En kvinde fra Vestafrika voksede op i et hjem, hvor hendes far var en højt respekteret landsbyprofet. For udenforstående var han en åndelig vejleder. Bag lukkede døre begravede han amuletter i området og bragte ofre på vegne af familier, der søgte gunst eller hævn.

Mærkelige mønstre opstod i hendes liv: gentagne mareridt, mislykkede forhold og uforklarlig sygdom. Da hun gav sit liv til Kristus, vendte hendes far sig imod hende og erklærede, at hun aldrig ville få succes uden hans hjælp. Hendes liv gik i spiral i årevis.

Efter måneder med midnatsbønner og faste ledte Helligånden hende til at give afkald på ethvert sjæleband med sin fars okkulte kappe. Hun begravede skrifter i sine vægge, brændte gamle symboler og salvede sin dørtærskel dagligt. Langsomt begyndte gennembrud: hendes helbred vendte tilbage, hendes drømme blev klarere, og hun blev endelig gift. Hun hjælper nu andre kvinder, der står over for husaltre.

Handlingsplan — Konfrontation af den velkendte ånd

1. **Skelne uden vanære** – Bed Gud om at åbenbare skjulte kræfter uden had.
2. **Bryd sjælelige aftaler** – Giv afkald på ethvert åndeligt bånd, der er skabt gennem ritualer, altre eller udtalte eder.
3. **Åndelig adskillelse** – Selv hvis I bor i samme hus, kan I **afbryde jeres åndelige forbindelse** gennem bøn.
4. **Helliggør dit rum** – Salv hvert rum, hver genstand og hvert dørtrin med olie og skriftsteder.

Skriftværktøjer

- *Mika 7:5-7* – Stol ikke på din næste
- *Salme 27:10* – "Selvom min far og mor svigter mig..."
- *Lukas 14:26* – Elsk Kristus mere end familie
- *2 Kongebog 11:1-3* – Skjult befrielse fra en morderisk dronningemoder
- *Esajas 54:17* – Intet våben, der er smidt, skal have fremgang

Gruppeansøgning

- Del oplevelser, hvor modstand kom indefra familien.
- Bed om visdom, mod og kærlighed i mødet med modstand i hjemmet.
- Led en bøn om afsavn fra ethvert sjælebånd eller udtalt forbandelse fremsat af slægtninge.

Ministerielle værktøjer:

- Salveolie
- Tilgivelseserklæringer
- Bønner om frigivelse af pagt
- Salme 91 bønneomslag

Vigtig indsigt

Blodslinjen kan være en velsignelse eller en slagmark. Du er kaldet til at forløse den, ikke til at blive styret af den.

Refleksionsjournal

- Har jeg nogensinde oplevet åndelig modstand fra en nær person?
- Er der nogen, jeg skal tilgive – selvom de stadig beskæftiger sig med hekseri?
- Er jeg villig til at blive adskilt, selvom det koster mig et forhold?

Bøn om adskillelse og beskyttelse

Fader, jeg anerkender, at den største modstand kan komme fra dem, der står mig nærmest. Jeg tilgiver ethvert medlem af husstanden, der bevidst eller ubevidst arbejder imod min skæbne. Jeg bryder ethvert sjælebånd, enhver forbandelse og enhver pagt indgået gennem min familielinje, som ikke stemmer overens med Dit rige. Ved Jesu blod helliggør jeg mit hjem og erklærer: Hvad mig og mit hus angår, skal vi tjene Herren. Amen.

DAG 21: JEZEBEL-ÅNDEN — FORFØRSEL, KONTROL OG RELIGIØS MANIPULATION

"**M**en jeg har noget imod dig: Du tolererer kvinden Jesabel, som kalder sig selv profetinde. Hun fører vild med sin lære..." — Åbenbaringen 2:20
"Hendes ende kommer pludselig, uden lægemiddel." — Ordsprogene 6:15
Nogle ånder råber udefra.
Jesabel hvisker indefra.
Hun frister ikke bare – hun **tilraner sig, manipulerer og korrumperer**, hvilket efterlader tjenester knust, ægteskaber kvalt og nationer forført af oprør.
Hvad er Jesabels Ånd?
Jesabels ånd:

- Efterligner profetier for at vildlede
- Bruger charme og forførelse til at kontrollere
- Hader sand autoritet og bringer profeter til tavshed
- Maskerer stolthed bag falsk ydmyghed
- Ofte knyttet til ledelsen eller dem, der er tæt på den

Denne ånd kan virke gennem **mænd eller kvinder**, og den trives, hvor uhæmmet magt, ambition eller afvisning forbliver uhelbredet.
Globale manifestationer

- **Afrika** – Falske profetinder, der manipulerer altre og kræver loyalitet med frygt.
- **Asien** – Religiøse mystikere blander forførelse med visioner for at dominere spirituelle kredse.
- **Europa** – Gamle gudindekulter genoplivet i New Age-praksisser

under navnet empowerment.
- **Latinamerika** – Santeria-præstinder udøver kontrol over familier gennem "åndelig rådgivning".
- **Nordamerika** – Influencers på sociale medier promoverer "guddommelig femininitet", mens de håner bibelsk underkastelse, autoritet eller renhed.

Den virkelige historie: *Jesabel, der sad på alteret*

I en caribisk nation begyndte en kirke i brand for Gud at sløves – langsomt, diskret. Den forbønsgruppe, der engang mødtes til midnatsbønner, begyndte at spredes. Ungdomsarbejdet faldt i skandale. Ægteskaber i kirken begyndte at mislykkes, og den engang så ildsjælende præst blev ubeslutsom og åndeligt træt.

I centrum af det hele stod en kvinde – **søster R**. Smuk, karismatisk og generøs, hun blev beundret af mange. Hun havde altid et "ord fra Herren" og en drøm om alles skæbne. Hun gav generøst til kirkeprojekter og fik en plads tæt på præsten.

Bag kulisserne **bagtalte hun subtilt andre kvinder**, forførte en juniorpræst og såede splittelse. Hun positionerede sig selv som en åndelig autoritet, mens hun i al hemmelighed underminerede det faktiske lederskab.

En nat havde en teenagepige i kirken en levende drøm – hun så en slange snoet under prædikestolen, der hviskede ind i mikrofonen. Skrækslagen fortalte hun den til sin mor, som bragte den til præsten.

Ledelsen besluttede at faste i **tre dage** for at søge Guds vejledning. På den tredje dag, under en bønnesession, begyndte søster R at manifestere sig voldsomt. Hun hvæsede, skreg og beskyldte andre for hekseri. En kraftfuld befrielse fulgte, og hun tilstod: hun var blevet indviet i en åndelig orden i slutningen af teenageårene med opgaven **at infiltrere kirker for at "stjæle deres ild"**.

Hun havde allerede været i **fem kirker** før denne. Hendes våben var ikke højlydt – det var **smiger, forførelse, følelsesmæssig kontrol** og profetisk manipulation.

I dag har den kirke genopbygget sit alter. Prædikestolen er blevet genindviet. Og den unge teenagepige? Hun er nu en ildsjæl, der leder en kvindelig bønnebevægelse.

Handlingsplan — Sådan konfronterer du Jesabel

1. **Omvend dig** fra enhver måde, du har samarbejdet med i forbindelse med manipulation, seksuel kontrol eller åndelig stolthed.
2. **Forstå** Jesabels træk — smiger, oprør, forførelse, falsk profeti.
3. **Bryd sjælebånd** og vanhellige alliancer i bøn – især med enhver, der trækker dig væk fra Guds stemme.
4. **Erklær din autoritet** i Kristus. Jesabel frygter dem, der kender dem.

Skriftsal:

- 1 Kongebog 18–21 – Jesabel vs. Elias
- Åbenbaringen 2:18–29 – Kristi advarsel til Tyatira
- Ordsprogene 6:16-19 – Hvad Gud hader
- Galaterbrevet 5:19-21 – Kødets gerninger

Gruppeansøgning

- Diskuter: Har du nogensinde været vidne til spirituel manipulation? Hvordan forklædte den sig?
- Erklær som gruppe en "ingen tolerance"-politik over for Jesabel – i kirken, hjemmet eller lederskabet.
- Hvis det er nødvendigt, så gennemgå en **befrielsesbøn** eller fast for at bryde hendes indflydelse.
- Genindvi enhver tjeneste eller alter, der er blevet kompromitteret.

Redskaber til tjeneste:
Brug salveolie. Skab plads til bekendelse og tilgivelse. Syng lovsange, der forkynder **Jesu herredømme**.

Vigtig indsigt
Jesabel trives, hvor **dømmekraften er lav** og **tolerancen høj**. Hendes regeringstid slutter, når den åndelige autoritet vågner.

Refleksionsjournal

- Har jeg ladet manipulation føre mig?

- Er der personer eller påvirkninger, jeg har ophøjet over Guds stemme?
- Har jeg tavset min profetiske stemme af frygt eller kontrol?

Bøn om befrielse

Herre Jesus, jeg afsværger enhver alliance med Jesabels ånd. Jeg afviser forførelse, kontrol, falsk profeti og manipulation. Rens mit hjerte for stolthed, frygt og kompromis. Jeg tager min autoritet tilbage. Lad ethvert alter, Jesabel har bygget i mit liv, blive revet ned. Jeg indsætter dig, Jesus, som Herre over mine relationer, mit kald og min tjeneste. Fyld mig med dømmekraft og frimodighed. I dit navn, Amen.

DAG 22: PYTONER OG BØNNER — AT BRYDE INDSNÆVNINGENS ÅND

"*Engang da vi var på vej til bedestedet, mødte vi en tjenestepige, som havde en pytons ånd...*" - Apostlenes Gerninger 16:16

"*Du skal træde på løve og hugorme...*" - Salme 91:13

Der er en ånd, der ikke bider – den **klemmer**.

Den kvæler din ild. Den snor sig om dit bønneliv, dit åndedræt, din tilbedelse, din disciplin – indtil du begynder at opgive det, der engang gav dig styrke.

Pythons ånd – en dæmonisk kraft, der **hæmmer åndelig vækst, forsinker skæbnen, kvæler bøn og forfalsker profetier**.

Globale manifestationer

- **Afrika** – Pythonånden fremstår som en falsk profetisk kraft, der opererer i marine- og skovhelligdomme.
- **Asien** – Slangeånder tilbedes som guddomme, der skal fodres eller tilfredsstilles.
- **Latinamerika** – Santeria-slangealtre brugt til rigdom, begær og magt.
- **Europa** – Slangesymboler i hekseri, spådomskunst og psykiske kredse.
- **Nordamerika** – Falske "profetiske" stemmer med rødder i oprør og åndelig forvirring.

Vidnesbyrd: *Pigen der ikke kunne trække vejret*

Marisol fra Colombia begyndte at få åndenød, hver gang hun knælede for at bede. Hendes bryst snørede sig sammen. Hendes drømme var fyldt med billeder af slanger, der snoede sig om hendes hals eller hvilede under hendes seng. Lægerne fandt intet medicinsk galt.

En dag indrømmede hendes bedstemor, at Marisol som barn havde været "dedikeret" til en bjergånd, der var kendt for at optræde som en slange. Det var en **"beskyttende ånd"**, men det kom med en pris.

Under et befrielsesmøde begyndte Marisol at skrige voldsomt, da hænder blev lagt på hende. Hun følte noget bevæge sig i maven, op i brystet og derefter ud af munden, som om der blev presset luft ud.

Efter det møde forsvandt åndenøden. Hendes drømme ændrede sig. Hun begyndte at lede bønnemøder – netop det, som fjenden engang forsøgte at kvæle ud af hende.

Tegn på, at du kan være påvirket af Python-ånden

- Træthed og tyngde, når du forsøger at bede eller tilbede
- Profetisk forvirring eller vildledende drømme
- Konstante følelser af at være kvalt, blokeret eller bundet
- Depression eller fortvivlelse uden klar årsag
- Tab af åndelig lyst eller motivation

Handlingsplan – At bryde indsnævring

1. **Omvend dig** fra enhver okkult, psykisk eller forfædres involvering.
2. **Erklær din krop og ånd som Guds alene.**
3. **Faste og krig** ved hjælp af Esajas 27:1 og Salme 91:13.
4. **Salv din hals, bryst og fødder** – og gør krav på frihed til at tale, trække vejret og vandre i sandhed.

Skriftsteder om befrielse:

- Apostlenes Gerninger 16:16–18 – Paulus uddriver pytonånden
- Esajas 27:1 – Gud straffer Leviathan, den flygtende slange
- Salme 91 – Beskyttelse og autoritet
- Lukas 10:19 – Magt til at trampe på slanger og skorpioner

GRUPPEANSØGNING

- Spørg: Hvad kvæler vores bønneliv – personligt og samlet?
- Led en gruppebøn i åndedrættet – og erklær **Guds åndedræt** (Ruach) over hvert medlem.
- Bryd enhver falsk profetisk indflydelse eller slangelignende pres i tilbedelse og forbøn.

Tjenesteredskaber: Tilbedelse med fløjter eller åndedrætsinstrumenter, symbolsk overskæring af reb, bønnetørklæder for at trække vejret frit.

Vigtig indsigt
Pyton-ånden kvæler det, Gud ønsker skal føde. Den skal konfronteres for at genvinde din åndedræt og din mod.

Refleksionsjournal

- Hvornår følte jeg mig sidst fuldstændig fri i bøn?
- Er der tegn på åndelig træthed, som jeg har ignoreret?
- Har jeg ubevidst accepteret "åndelige råd", der har ført til mere forvirring?

Bøn om befrielse
Fader, i Jesu navn bryder jeg enhver snærende ånd, der er tildelt til at kvæle mit formål. Jeg afsværger pythonånden og alle falske profetiske stemmer. Jeg modtager din Ånds åndedrag og erklærer: Jeg skal trække vejret frit, bede frimodigt og vandre oprejst. Enhver slange, der snor sig om mit liv, er afskåret og kastet ud. Jeg modtager befrielse nu. Amen.

DAG 23: URETTIGHEDENS TRONER — NEDRIVNING AF TERRITORIALE FÆSTNINGER

"*Skal uretfærdighedens trone, som udtænker ondskab ved lov, have fællesskab med dig?*" - Salme 94:20

"*Vi kæmper ikke mod kød og blod, men mod ... mørkets herskere ...*" - Efeserbrevet 6:12

Der er usynlige **troner** – etableret i byer, nationer, familier og systemer – hvor dæmoniske magter **hersker lovligt** gennem pagter, lovgivning, afgudsdyrkelse og langvarigt oprør.

Dette er ikke tilfældige angreb. Det er **tronbesatte autoriteter** , dybt forankret i strukturer, der viderefører ondskab på tværs af generationer.

Indtil disse troner er **afviklet åndeligt** , vil mørkets cyklusser fortsætte - uanset hvor meget bøn der bedes på overfladen.

Globale fæstninger og troner

- **Afrika** – Heksetroner i kongelige blodslinjer og traditionelle råd.
- **Europa** – Troner for sekularisme, frimureri og legaliseret oprør.
- **Asien** – Afgudsdyrkelsens troner i forfædrenes templer og politiske dynastier.
- **Latinamerika** – Troner af narkoterror, dødskulter og korruption.
- **Nordamerika** – Troner af perversion, abort og racemæssig undertrykkelse.

Disse troner påvirker beslutninger, undertrykker sandheden og **fortærer skæbner** .

Vidnesbyrd: *Befrielse af et byrådsmedlem*

I en by i det sydlige Afrika opdagede et nyvalgt kristent byrådsmedlem, at alle embedsmænd før ham enten var blevet sindssyge, skilt eller pludselig døde. Efter dages bøn åbenbarede Herren en **trone med blodoffer** begravet under den rådhusbygning. En lokal seer havde for længe siden plantet amuletter som en del af et territorialt krav.

Byrådsmedlemmet samlede forbedere, fastede og holdt gudstjeneste ved midnat inde i byrådssalen. I løbet af tre nætter rapporterede personalet mærkelige skrig i væggene, og strømmen gik i stå.

Inden for en uge begyndte tilståelserne. Korrupte kontrakter blev afsløret, og inden for få måneder blev de offentlige tjenester forbedret. Tronen var faldet.

Handlingsplan – Afsættelse af mørket

1. **Identificér tronen** – bed Herren om at vise dig territoriale fæstninger i din by, dit embede, din blodslinje eller din region.
2. **Omvend dig på landets vegne** (forbøn i Daniels Bog 9).
3. **Tilbedelse strategisk** – troner smuldrer, når Guds herlighed tager over (se 2 Krøn 20).
4. **Forkynd Jesu navn** som den eneste sande Konge over dette domæne.

Ankerskrifter:

- Salme 94:20 – Ugudløshedens troner
- Efeserbrevet 6:12 – Herskere og myndigheder
- Esajas 28:6 – Retfærdighedens Ånd for dem, der tager til kamp
- 2 Kongebog 23 – Josias ødelægger afgudsdyrkende altre og troner

GRUPPEENGAGEMENT

- Gennemfør en "spirituel kortlægning" af dit nabolag eller din by.
- Spørg: Hvad er cyklusserne af synd, smerte eller undertrykkelse her?
- Udpeg "vagtmænd" til at bede ugentligt ved vigtige porte: skoler, domstole, markeder.
- Ledergruppen udsteder dekreter mod åndelige herskere ved hjælp af

Salme 149:5-9.

Tjenesteredskaber: Shofarer, bykort, olivenolie til jordindvielse, guider til bønnevandring.

Vigtig indsigt

Hvis du ønsker at se forandring i din by, **skal du udfordre tronen bag systemet** – ikke kun ansigtet foran det.

Refleksionsjournal

- Er der tilbagevendende kampe i min by eller familie, der føles større end mig?
- Har jeg arvet en kamp mod en trone, jeg ikke har indsat?
- Hvilke "herskere" skal afsættes i bøn?

Krigens bøn

O Herre, afslør enhver uretfærdighedens trone, der hersker over mit territorium. Jeg erklærer Jesu navn som den eneste Konge! Lad ethvert skjult alter, enhver lov, enhver pagt eller enhver skjult magt, der håndhæver mørke, blive spredt af ild. Jeg tager min plads som forbøn. Ved Lammets blod og mit vidnesbyrds ord nedbryder jeg troner og indsætter Kristus over mit hjem, min by og min nation. I Jesu navn. Amen.

DAG 24: SJÆLEFRAGMENTER — NÅR DELE AF DIG MANGLER

"**H***an giver min sjæl ny styrke..."* - Salme 23:3
"Jeg læger dine sår, siger Herren, for du kaldes en udstødt..." - Jeremias 30:17

Traumer har en tendens til at knuse sjælen. Misbrug. Afvisning. Forræderi. Pludselig frygt. Langvarig sorg. Disse oplevelser efterlader ikke bare minder – de **sprænger dit indre menneske**.

Mange mennesker går rundt og ser hele ud, men lever med **manglende dele af sig selv**. Deres glæde er splintret. Deres identitet er spredt. De er fanget i følelsesmæssige tidszoner – en del af dem sidder fast i en smertefuld fortid, mens kroppen ældes fremad.

Disse er **sjælsfragmenter** – dele af dit følelsesmæssige, psykologiske og åndelige jeg, der er brækket af på grund af traumer, dæmonisk indblanding eller heksemanipulation.

Indtil disse stykker er samlet, helet og reintegreret gennem Jesus, **forbliver sand frihed undvigende**.

Globale sjæletyveripraksisser

- **Afrika** – Heksedoktorer, der indfanger folks "essens" i krukker eller spejle.
- **Asien** – Sjælefangstritualer udført af guruer eller tantriske udøvere.
- **Latinamerika** – Shamanistisk sjælespaltning for kontrol eller forbandelser.
- **Europa** – Okkult spejlmagi brugt til at sprænge identitet eller stjæle gunst.
- **Nordamerika** – Traumer fra blufærdighedskrænkelse, abort eller identitetsforvirring skaber ofte dybe sjælesår og fragmentering.

Historie: *Pigen der ikke kunne føle*

Andrea, en 25-årig fra Spanien, havde i årevis været udsat for misbrug fra et familiemedlem. Selvom hun havde taget imod Jesus, forblev hun følelsesmæssigt følelsesløs. Hun kunne ikke græde, elske eller føle empati.

En besøgende præst stillede hende et mærkeligt spørgsmål: "Hvor har du efterladt din glæde?" Da Andrea lukkede øjnene, huskede hun, at hun var 9 år gammel, krøllet sammen i et skab og sagde til sig selv: "Jeg vil aldrig føle igen."

De bad sammen. Andrea tilgav, afsværgede indre løfter og inviterede Jesus ind i netop det minde. Hun græd uhæmmet for første gang i årevis. Den dag **blev hendes sjæl genoprettet**.

Handlingsplan – Sjælehentning og helbredelse

1. Spørg Helligånden: *Hvor mistede jeg en del af mig selv?*
2. Tilgiv alle involverede i det øjeblik, og **afsværg indre løfter** som "Jeg vil aldrig stole på nogen igen."
3. Inviter Jesus ind i erindringen, og tal helbredelse ind i det øjeblik.
4. Bed: *"Herre, genopret min sjæl. Jeg kalder hvert eneste lille stykke af mig til at vende tilbage og blive hel."*

Nøgleskrifter:

- Salme 23:3 – Han genopretter sjælen
- Lukas 4:18 – Helbredelse af de knuste hjerter
- 1 Thessalonikerbrev 5:23 – Ånd, sjæl og legeme bevaret
- Jeremias 30:17 – Helbredelse for udstødte og sår

Gruppeansøgning

- Led medlemmer gennem en guidet **indre helbredende bønnesession**.
- Spørg: *Har der været øjeblikke i dit liv, hvor du holdt op med at stole på, føle eller drømme?*
- Rollespil "at vende tilbage til det rum" med Jesus og se ham hele såret.
- Lad betroede ledere lægge hænderne blidt på hovederne og erklære sjælens genoprettelse.

Værktøjer til gudstjenesten: Musik til gudstjeneste, blød belysning, lommetørklæder, journalføring.

Vigtig indsigt

Befrielse er ikke bare at uddrive dæmoner. Det er **at samle de ødelagte stykker og genoprette identitet**.

Refleksionsjournal

- Hvilke traumatiske begivenheder styrer stadig, hvordan jeg tænker eller føler i dag?
- Har jeg nogensinde sagt: "Jeg vil aldrig elske igen," eller "Jeg kan ikke stole på nogen længere"?
- Hvordan ser "helhed" ud for mig – og er jeg klar til det?

BØN OM GENOPRETTELSE

Jesus, du er min sjæls hyrde. Jeg bringer dig til alle de steder, hvor jeg er blevet knust – af frygt, skam, smerte eller forræderi. Jeg bryder ethvert indre løfte og forbandelse, der er udtalt i traumer. Jeg tilgiver dem, der sårede mig. Nu kalder jeg hvert stykke af min sjæl til at vende tilbage. Genopret mig fuldt ud – ånd, sjæl og krop. Jeg er ikke knust for evigt. Jeg er hel i dig. I Jesu navn. Amen.

DAG 25: FORBANDELSEN FOR MÆRKELIGE BØRN — NÅR SKÆBNER BYTTES VED FØDSELEN

"*Deres børn er fremmede børn; nu skal en måned fortære dem med deres arv.*" - Hoseas 5:7

"*Før jeg dannede dig i moders liv, kendte jeg dig...*" - Jeremias 1:5

Ikke alle børn, der er født i et hjem, var skabt til det hjem.

Ikke alle børn, der bærer dit DNA, bærer din arv.

Fjenden har længe brugt **fødsel som en slagmark** – udvekslet skæbner, plantet falske afkom, indviet babyer i mørke pagter og manipuleret med livmodere, før undfangelsen overhovedet begynder.

Dette er ikke kun et fysisk problem. Det er **en åndelig handling** – der involverer altre, ofringer og dæmoniske lovligheder.

Hvad er mærkelige børn?

"Mærkelige børn" er:

- Børn født gennem okkult dedikation, ritualer eller seksuelle pagter.
- Afkom byttes ved fødslen (enten åndeligt eller fysisk).
- Børn, der bærer mørke opgaver ind i en familie eller slægt.
- Sjæle fanget i livmoderen via hekseri, nekromanti eller generationsaltre.

Mange børn vokser op i oprør, afhængighed, had til forældre eller sig selv – ikke kun på grund af dårlig opdragelse, men på grund af, **hvem der gjorde krav på dem åndeligt ved fødslen**.

GLOBALE UDTRYK

- **Afrika** – Åndelige udvekslinger på hospitaler, forurening af livmoderen gennem håvånder eller rituel sex.
- **Indien** – Børn indvies i templer eller karmabaserede skæbner før fødslen.
- **Haiti og Latinamerika** – Santeria-indvielser, børn undfanget på altre eller efter besværgelser.
- **Vestlige nationer** – IVF og rugemoderskabspraksis er undertiden knyttet til okkulte kontrakter eller donorlinjer; aborter, der efterlader åndelige døre åbne.
- **Indfødte kulturer verden over** – Navngivningsceremonier for ånder eller totemiske identitetsoverførsler.

Historie: *Babyen med den forkerte ånd*

Clara, en sygeplejerske fra Uganda, fortalte om en kvinde, der bragte sin nyfødte til et bønnemøde. Barnet skreg konstant, afviste mælk og reagerede voldsomt på bøn.

Et profetisk ord afslørede, at babyen var blevet "udvekslet" i ånden ved fødslen. Moderen tilstod, at en heksedoktor havde bedt over hendes mave, mens hun var desperat efter et barn.

Gennem omvendelse og intense bønner om befrielse blev babyen slap, men fredelig. Barnet trivedes senere – og viste tegn på genoprettet fred og udvikling.

Ikke alle lidelser hos børn er naturlige. Nogle er **tilegnet fra undfangelsen**

Handlingsplan – Genvinding af livmoderens skæbne

1. Hvis du er forælder, **så indvie dit barn på ny til Jesus Kristus**.
2. Afsværg alle prænatale forbandelser, dedikationer eller pagter - selv ubevidst indgået af forfædre.
3. Tal direkte til dit barns ånd i bøn: *"Du tilhører Gud. Din skæbne er genoprettet."*
4. Hvis du er barnløs, så bed over din livmoder og afvis alle former for åndelig manipulation eller manipulation.

Nøgleskrifter:

- Hoseas 9:11–16 – Dom over fremmed sæd
- Esajas 49:25 – Kæmp for dine børn
- Lukas 1:41 – Åndsfyldte børn fra livmoderen
- Salme 139:13–16 – Guds intentionelle plan i livmoderen

Gruppeengagement

- Bed forældrene om at medbringe navne eller billeder af deres børn.
- Erklær over hvert navn: "Jeres barns identitet er genoprettet. Enhver fremmed hånd er hugget af."
- Bed om åndelig renselse af livmoderen for alle kvinder (og mænd som åndelige bærere af sæd).
- Brug nadver til at symbolisere generobring af blodslinjens skæbne.

Tjenesteredskaber: Nadver, salveolie, trykte navne eller babyartikler (valgfrit).

Vigtig indsigt

Satan går efter livmoderen, fordi **det er dér, profeter, krigere og skæbner formes**. Men ethvert barn kan genvindes gennem Kristus.

Refleksionsjournal

- Har jeg nogensinde haft mærkelige drømme under graviditeten eller efter fødslen?
- Kæmper mine børn sig på måder, der virker unaturlige?
- Er jeg klar til at konfrontere de åndelige årsager til generationsoprør eller forsinkelse?

Bøn om genvinding

Fader, jeg bringer min livmoder, mit sæd og mine børn til dit alter. Jeg angrer enhver dør – kendt eller ukendt – der gav fjenden adgang. Jeg bryder enhver forbandelse, dedikation og dæmonisk opgave knyttet til mine børn. Jeg taler over dem: I er hellige, udvalgte og beseglede til Guds ære. Jeres skæbne er forløst. I Jesu navn. Amen.

DAG 26: SKJULTE MAGTALTRE — AT BRYDE FRI FRA ELITE OKKULTISKE PAGT

"*Igen tog Djævelen ham med op på et meget højt bjerg og viste ham alle verdens riger og deres herlighed og sagde: 'Alt dette vil jeg give dig, hvis du vil bøje dig ned og tilbede mig.'*" - Matthæus 4:8-9

Mange tror, at satanisk magt kun findes i baglokalers ritualer eller mørke landsbyer. Men nogle af de farligste pagter er skjult bag polerede jakkesæt, eliteklubber og indflydelse fra flere generationer.

Disse er **magtens altre** – dannet af blodseder, indvielser, hemmelige symboler og udtalte løfter, der binder enkeltpersoner, familier og endda hele nationer til Lucifers herredømme. Fra frimureri til kabbalistiske ritualer, fra østlige stjerneindvielser til gamle egyptiske og babylonske mysterieskoler – de lover oplysning, men leverer trældom.

Globale forbindelser

- **Europa og Nordamerika** – Frimureri, Rosenkreuzerordenen, Gylden Daggry-ordenen, Skull & Bones, Bohemian Grove, Kabbalah-indvielser.
- **Afrika** – Politiske blodpagter, aftaler med forfædres ånder om herredømme, heksealliancer på højt niveau.
- **Asien** – Oplyste samfund, drageåndepagter, blodlinjedynastier knyttet til oldgammel trolddom.
- **Latinamerika** – Politisk santeria, kartelrelateret rituel beskyttelse, pagter lavet for succes og immunitet.
- **Mellemøsten** – Gamle babylonske, assyriske ritualer overleveret under religiøs eller kongelig forklædning.

Vidnesbyrd – En frimurers barnebarn finder frihed

Carlos, der voksede op i en indflydelsesrig familie i Argentina, vidste aldrig, at hans bedstefar havde nået den 33. grad af frimureriet. Mærkelige manifestationer havde plaget hans liv - søvnlammelse, relationssabotage og en konstant manglende evne til at gøre fremskridt, uanset hvor hårdt han prøvede.

Efter at have deltaget i en befrielsesundervisning, der afslørede forbindelser til elitens okkulte samfund, konfronterede han sin familiehistorie og fandt frimureriske regalier og skjulte dagbøger. Under en midnatsfaste afsværgede han enhver blodspagt og erklærede frihed i Kristus. Samme uge fik han det gennembrud i jobbet, han havde ventet på i årevis.

Højtstående altre skaber modstand på højt niveau – men **Jesu blod** taler højere end nogen ed eller ritual.

Handlingsplan – Afsløring af den skjulte hytte

1. **Undersøg** : Er der frimureriske, esoteriske eller hemmelige tilhørsforhold i din blodslinje?
2. **Opsige** enhver kendt og ukendt pagt ved hjælp af erklæringer baseret på Matthæus 10:26-28.
3. **Brænd eller fjern** alle okkulte symboler: pyramider, altseende øjne, kompasser, obelisker, ringe eller kåber.
4. **Bed højt** :

"Jeg bryder enhver skjult aftale med hemmelige selskaber, lyskulter og falske broderskaber. Jeg tjener kun Herren Jesus Kristus."

Gruppeansøgning

- Bed medlemmerne om at nedskrive eventuelle kendte eller mistænkte okkulte forbindelser til eliten.
- Led en **symbolsk handling med at bryde bånd** – riv papirer i stykker, brænd billeder eller salv deres pande som et segl på adskillelse.
- Brug **Salme 2** til at erklære bruddet på nationale og familiemæssige sammensværgelser mod Herrens salvede.

Vigtig indsigt

Satans største greb er ofte indhyllet i hemmelighedskræmmeri og prestige. Sand frihed begynder, når du afslører, afsværger og erstatter disse altre med tilbedelse og sandhed.

Refleksionsjournal

- Har jeg arvet rigdom, magt eller muligheder, der føles åndeligt "skæve"?
- Er der hemmelige forbindelser i min forfædre, som jeg har ignoreret?
- Hvad vil det koste mig at afskære ugudeliges adgang til magten – og er jeg villig til det?

Bøn om befrielse

Fader, jeg kommer ud af enhver skjult hytte, alter og aftale – i mit navn eller på vegne af min blodslinje. Jeg afbryder ethvert sjælebånd, ethvert blodsbånd og enhver ed, der er afgivet bevidst eller ubevidst. Jesus, Du er mit eneste Lys, min eneste Sandhed og min eneste beskyttelse. Lad Din ild fortære ethvert ugudeligt bånd til magt, indflydelse eller bedrag. Jeg modtager total frihed, i Jesu navn. Amen.

DAG 27: UHELLIGE ALLIANCE — FRIMURERI, ILLUMINATI & ÅNDELIG INFILTRATION

"*Hav intet at gøre med mørkets frugtesløse gerninger, men afslør dem hellere.*" - Efeserbrevet 5:11

"*I kan ikke drikke Herrens bæger og dæmonernes bæger.*" - 1 Korintherbrev 10:21

Der findes hemmelige selskaber og globale netværk, der præsenterer sig selv som harmløse broderorganisationer – der tilbyder velgørenhed, forbindelse eller oplysning. Men bag gardinet ligger dybere eder, blodsritualer, sjælebånd og lag af luciferiansk doktrin indhyllet i "lys".

Frimureriet, Illuminati, Eastern Star, Skull and Bones og deres søsternetværk er ikke bare sociale klubber. De er troskabsaltre – nogle der går århundreder tilbage – designet til åndeligt at infiltrere familier, regeringer og endda kirker.

Globalt fodaftryk

- **Nordamerika og Europa** – frimurertempler, skotske ritusloger, Yales Skull & Bones.
- **Afrika** – Politiske og kongelige indvielser med frimurerritualer, blodpagter for beskyttelse eller magt.
- **Asien** – Kabbalah-skoler maskeret som mystisk oplysning, hemmelige klosterritualer.
- **Latinamerika** – Skjulte eliteordener, Santeria fusionerede med eliteindflydelse og blodpagter.
- **Mellemøsten** – Gamle babylonske hemmelige selskaber knyttet til magtstrukturer og falsk lysdyrkelse.

DISSE NETVÆRK OFTE:

- Kræv blod eller mundtlige eder.
- Brug okkulte symboler (kompasser, pyramider, øjne).
- Udfør ceremonier for at påkalde eller vie sin sjæl til en orden.
- Giv indflydelse eller rigdom i bytte for åndelig kontrol.

Vidnesbyrd – En biskoppes bekendelse

En biskop i Østafrika tilstod over for sin kirke, at han engang havde tilsluttet sig frimureriet på et lavt niveau under universitetet – simpelthen for "forbindelser". Men efterhånden som han steg i graderne, begyndte han at se mærkelige krav: en tavshedsed, ceremonier med bind for øjnene og symboler, og et "lys", der gjorde hans bønneliv koldt. Han holdt op med at drømme. Han kunne ikke læse Skriften.

Efter at have omvendt sig og offentligt fordømt enhver rang og ethvert løfte, lettede den åndelige tåge. I dag prædiker han Kristus frimodigt og afslører, hvad han engang deltog i. Lænkerne var usynlige – indtil de blev brudt.

Handlingsplan – Bryd frimureriet og hemmelige selskabers indflydelse

1. **Identificér** enhver personlig eller familiær involvering i frimureri, rosenkreuzisme, kabbalah, kranium og knogler eller lignende hemmelige ordener.
2. **Giv afkald på ethvert niveau eller enhver grad af indvielse**, fra 1. til 33. eller højere, inklusive alle ritualer, symboler og eder. (Du kan finde guidede afkald på befrielse online.)
3. **Bed med autoritet** :

"Jeg bryder ethvert sjæleånd, blodspagt og ed aflagt til hemmelige selskaber – af mig eller på mine vegne. Jeg kræver min sjæl tilbage for Jesus Kristus!"

1. **Ødelæg symbolske genstande** : regalier, bøger, certifikater, ringe eller indrammede billeder.
2. **Erklær** frihed ved hjælp af:
    - *Galaterbrevet 5:1*

- Salme 2:1–6
- Esajas 28:15–18

Gruppeansøgning

- Lad gruppen lukke øjnene og bede Helligånden om at afsløre eventuelle hemmelige tilhørsforhold eller familiebånd.
- Virksomhedsafkald: gennemgå en bøn for at opsige enhver kendt eller ukendt forbindelse til eliteordener.
- Brug nadveren til at forsegle bruddet og genforene pagterne med Kristus.
- Salv hoveder og hænder — genopret klarhed i sindet og hellige gerninger.

Vigtig indsigt

Det, verden kalder "elite", kan Gud kalde en vederstyggelighed. Ikke al indflydelse er hellig - og ikke alt lys er lys. Der findes ikke sådan noget som harmløs hemmeligholdelse, når det involverer åndelige eder.

Refleksionsjournal

- Har jeg været en del af, eller været nysgerrig omkring, hemmelige ordener eller mystiske oplysningsgrupper?
- Er der tegn på åndelig blindhed, stagnation eller kulde i min tro?
- Skal jeg møde familiens engagement med mod og ynde?

Frihedens bøn

Herre Jesus, jeg kommer for Dig som det eneste sande Lys. Jeg afsværger ethvert bånd, enhver ed, ethvert falsk lys og enhver skjult orden, der gør krav på mig. Jeg afskærer frimureriet, hemmelige selskaber, gamle broderskaber og ethvert åndeligt bånd forbundet med mørke. Jeg erklærer, at jeg alene er under Jesu blod – beseglet, befriet og fri. Lad Din Ånd forbrænde alle rester af disse pagter. I Jesu navn, amen.

DAG 28: KABBALAH, ENERGINETTE OG LOKKET AF MYSTISK "LYS"

"**F**or Satan selv giver sig ud for at være en lysets engel." - 2 Korintherbrev 11:14

"Lyset i dig er mørke - hvor dybt er ikke mørket!" - Lukas 11:35

I en tid besat af spirituel oplysning dykker mange ubevidst ned i gamle kabbalistiske praksisser, energihealing og mystiske lyslære med rødder i okkulte doktriner. Disse lærdomme forklæder sig ofte som "kristen mystik", "jødisk visdom" eller "videnskabsbaseret spiritualitet" - men de stammer fra Babylon, ikke Zion.

Kabbalah er ikke bare et jødisk filosofisk system; det er en spirituel matrix bygget på hemmelige koder, guddommelige udstrålinger (Sefirot) og esoteriske veje. Det er det samme forførende bedrag bag tarot, numerologi, stjernetegnsportaler og New Age-gitre.

Mange berømtheder, influencere og forretningsmoguler bærer røde strenge, mediterer med krystalenergi eller følger Zohar uden at vide, at de deltager i et usynligt system af spirituel indfangning.

Globale forviklinger

- **Nordamerika** – Kabbalah-centre forklædt som wellness-rum; guidede energimeditationer.
- **Europa** – Druidisk kabbala og esoterisk kristendom undervist i hemmelige ordener.
- **Afrika** – Velstandskulter, der blander skrifter med numerologi og energiportaler.
- **Asien** – Chakrahealing omdøbt til "lysaktivering" i overensstemmelse med universelle koder.
- **Latinamerika** – Helgener blandet med kabbalistiske ærkeengle i

mystisk katolicisme.

Dette er forførelsen af falsk lys - hvor viden bliver en gud og oplysning bliver et fængsel.

Ægte vidnesbyrd – Undslippe "lysfælden"

Marisol, en sydamerikansk businesscoach, troede, at hun havde opdaget sand visdom gennem numerologi og "guddommelig energistrøm" fra en kabbalistisk mentor. Hendes drømme blev levende, hendes visioner skarpe. Men hendes fred? Væk. Hendes forhold? På kollaps.

Hun blev plaget af skyggevæsener i søvne, på trods af sine daglige "lyse bønner". En ven sendte hende et videovidnesbyrd om en tidligere mystiker, der havde mødt Jesus. Den nat kaldte Marisol på Jesus. Hun så et blændende hvidt lys – ikke mystisk, men rent. Freden vendte tilbage. Hun ødelagde sine materialer og begyndte sin befrielsesrejse. I dag driver hun en Kristus-centreret mentorplatform for kvinder fanget i åndeligt bedrag.

Handlingsplan – Afståelse af falsk belysning

1. **Undersøg** din eksponering: Har du læst mystiske bøger, praktiseret energihealing, fulgt horoskoper eller båret røde snore?
2. **Omvend dig** for at have søgt lys uden for Kristus.
3. **Bryd båndene** med:
    - Kabbalah/Zohar-lære
    - Energimedicin eller lysaktivering
    - Englepåkaldelser eller navneafkodning
    - Hellig geometri, numerologi eller "koder"
4. **Bed højt** :

"Jesus, du er verdens lys. Jeg afsværger ethvert falsk lys, enhver okkult lære og enhver mystisk fælde. Jeg vender tilbage til dig som min eneste kilde til sandhed!"

1. **Skriftsteder at forkynde** :
    - Johannes 8:12
    - Femte Mosebog 18:10-12
    - Esajas 2:6
    - 2 Korintherbrev 11:13–15

Gruppeansøgning

- Spørg: Har du (eller din familie) nogensinde deltaget i eller været udsat for New Age, numerologi, Kabbalah eller mystiske "lys"-lære?
- Gruppeafkald på falsk lys og genindvielse til Jesus som det eneste Lys.
- Brug salt- og lysbilleder – giv hver deltager en knivspids salt og et lys til at erklære: "Jeg er salt og lys i Kristus alene."

Vigtig indsigt
Ikke alt lys er helligt. Det, der oplyser uden for Kristus, vil til sidst fortære.

Refleksionsjournal

- Har jeg søgt viden, kraft eller helbredelse uden for Guds ord?
- Hvilke spirituelle værktøjer eller lærdomme skal jeg slippe af med?
- Er der nogen, jeg har introduceret til New Age eller "light"-praksisser, som jeg nu har brug for at guide tilbage?

Bøn om befrielse
Fader, jeg giver afkald på enhver ånd af falsk lys, mystik og hemmelig viden. Jeg afsværger kabbalah, numerologi, hellig geometri og enhver mørk kode, der udgiver sig for at være lys. Jeg erklærer, at Jesus er mit livs lys. Jeg går væk fra bedragets vej og træder ind i sandheden. Rens mig med din ild og fyld mig med Helligånden. I Jesu navn. Amen.

DAG 29: ILLUMINATIS SLØR — AFSLØRING AF DE ELITE OKKULTE NETVÆRK

"Jordens konger står op, og herskerne samles mod Herren og mod hans salvede."
– Salme 2:2
"Intet er skjult, som ikke skal åbenbares, og intet er skjult, som ikke skal komme frem i lyset." – Lukas 8:17

Der er en verden inden i vores verden. Skjult i det åbne.

Fra Hollywood til finansverdenen, fra politiske korridorer til musikimperier, styrer et netværk af mørke alliancer og spirituelle kontrakter de systemer, der former kultur, tankegang og magt. Det er mere end en konspiration – det er et ældgammelt oprør ompakket til den moderne scene.

Illuminati er i sin kerne ikke blot et hemmeligt selskab – det er en luciferiansk dagsorden. En spirituel pyramide, hvor de øverste sværger troskab gennem blod, ritualer og sjæludveksling, ofte pakket ind i symboler, mode og popkultur for at præge masserne.

Det handler ikke om paranoia. Det handler om bevidsthed.

DEN SANDE HISTORIE – en rejse fra berømmelse til tro

Marcus var en fremadstormende musikproducer i USA. Da hans tredje store hit krydsede hitlisterne, blev han introduceret til en eksklusiv klub – magtfulde mænd og kvinder, spirituelle "mentorer", kontrakter omgivet af hemmelighedskræmmeri. I starten virkede det som elitementorskab. Så kom "påkaldelses"-sessionerne – mørke rum, røde lys, sange og spejlritualer. Han begyndte at opleve ud-af-kroppen-rejser, stemmer der hviskede sange til ham om natten.

En nat, under indflydelse og pine, forsøgte han at tage sit eget liv. Men Jesus greb ind. En bedende bedstemors forbøn brød igennem. Han flygtede, tog afstand fra systemet og begyndte en lang befrielsesrejse. I dag afslører han branchens mørke gennem musik, der vidner om lyset.

SKJULTE KONTROLSYSTEMER

- **Blodofre og seksuelle ritualer** – Indvielse til magt kræver udveksling: krop, blod eller uskyld.
- **Tankeprogrammering (MK Ultra-mønstre)** – Bruges i medier, musik og politik til at skabe splittede identiteter og håndterere.
- **Symbolik** – Pyramideøjne, fønikser, skakbrætgulve, ugler og omvendte stjerner – troskabens porte.
- **Luciferiansk lære** – "Gør hvad du vil", "Bliv din egen gud", " Lysbæreroplysning ".

Handlingsplan – Bryd fri fra Elite Webs

1. **Omvend dig** for at have deltaget i ethvert system knyttet til okkult magtpåvirkning, selv ubevidst (musik, medier, kontrakter).
2. **Giv afkald på** berømmelse for enhver pris, skjulte pagter eller fascination af elitelivsstil.
3. **Bed over** enhver kontrakt, brand eller netværk, du er en del af. Bed Helligånden om at afsløre skjulte bånd.
4. **Erklær højt** :

"Jeg afviser ethvert system, enhver ed og ethvert symbol på mørke. Jeg tilhører Lysets Rige. Min sjæl er ikke til salg!"

1. **Ankerskrifter** :
    - Esajas 28:15-18 – Pagt med døden skal ikke bestå
    - Salme 2 – Gud ler af onde sammensværgelser
    - 1 Korintherbrev 2:6-8 – Denne tids herskere forstår ikke Guds visdom

GRUPPEANSØGNING

- Led gruppen i en **symboludrensningssession** — medbring billeder eller logoer, som deltagerne har spørgsmål om.
- Opfordr folk til at dele, hvor de har set Illuminati-tegn i popkulturen, og hvordan det formede deres synspunkter.
- Inviter deltagerne til **at forpligte sig igen** til Kristi formål (musik, mode, medier).

Vigtig indsigt
Det stærkeste bedrag er det, der skjuler sig i blændværk. Men når masken fjernes, brister lænkerne.

Refleksionsjournal

- Tiltrækkes jeg af symboler eller bevægelser, jeg ikke fuldt ud forstår?
- Har jeg afgivet løfter eller indgået aftaler i jagten på indflydelse eller berømmelse?
- Hvilken del af min gave eller platform skal jeg overgive til Gud igen?

Frihedens bøn
Fader, jeg afviser enhver skjult struktur, ed og indflydelse fra Illuminati og elitens okkulte. Jeg giver afkald på berømmelse uden Dig, magt uden formål og viden uden Helligånden. Jeg annullerer enhver blods- eller ordpagt, der nogensinde er indgået over mig, bevidst eller ubevidst. Jesus, jeg indsætter Dig på tronen som Herre over mit sind, mine gaver og min skæbne. Afslør og ødelæg enhver usynlig lænke. I Dit navn opstår jeg, og jeg vandrer i lyset. Amen.

DAG 30: MYSTERIESKOLERNA — GAMLE HEMMELIGHEDER, MODERNE TRÆNDSKAB

"*Deres struber er åbne grave, deres tunger øver svig. Hugormegift er på deres læber."* — Romerbrevet 3:13
"*Du skal ikke kalde alt, hvad dette folk kalder en sammensværgelse, for en sammensværgelse; frygt ikke det, de frygter... Herren den Almægtige skal du regne for hellig..."* — Esajas 8:12-13

Længe før Illuminati fandtes de gamle mysterieskoler – Egypten, Babylon, Grækenland, Persien – der ikke kun var designet til at videregive "viden", men også til at vække overnaturlig kraft gennem mørke ritualer. I dag genoplives disse skoler på eliteuniversiteter, spirituelle retræter, "bevidstheds"-lejre, endda gennem onlinekurser maskeret som personlig udvikling eller bevidsthedsopvågning af højere orden.

Fra kabbalah-kredse til teosofi, hermetiske ordener og rosenkreuzisme – målet er det samme: "at blive som guder", at vække latent kraft uden overgivelse til Gud. Skjulte sange, hellig geometri, astral projektion, åbning af pinealkirtlen og ceremonielle ritualer bringer mange i åndelig trældom under dække af "lys".

Men ethvert "lys", der ikke er rodfæstet i Jesus, er et falsk lys. Og enhver skjult ed skal brydes.

Den virkelige historie – Fra dygtig til forladt

Sandra*, en sydafrikansk wellnesscoach, blev indviet i en egyptisk mysterieorden gennem et mentorprogram. Træningen omfattede chakrajusteringer, solmeditationer, måneritualer og gamle visdomsruller. Hun begyndte at opleve "downloads" og "opstigninger", men snart udviklede disse sig til panikanfald, søvnparalyse og selvmordstanker.

Da en befrielsespræst afslørede kilden, indså Sandra, at hendes sjæl var bundet gennem løfter og åndelige kontrakter. At give afkald på ordenen betød tab af indkomst og forbindelser – men hun fik sin frihed. I dag driver hun et helbredelsescenter med Kristus som centrering og advarer andre om New Age-bedrag.

Fælles tråde i mysterieskoler i dag

- **Kabbalah-cirkler** – jødisk mystik blandet med numerologi, engledyrkelse og astralplaner.
- **Hermetisme** – doktrinen "Som ovenfor, så nedenfor"; der gives sjælen mulighed for at manipulere virkeligheden.
- **Rosenkreuzerne** – Hemmelige ordener knyttet til alkymisk transformation og åndelig opstigning.
- **Frimureri og esoteriske broderskaber** – Lagdelt progression ind i skjult lys; hver grad bundet af eder og ritualer.
- **Spirituelle retræter** – Psykedeliske "oplysnings"-ceremonier med shamaner eller "guider".

Handlingsplan – At bryde gamle åg

1. **Giv afkald på** alle pagter indgået gennem indvielser, kurser eller åndelige kontrakter uden for Kristus.
2. **Ophæv** kraften i enhver "lys"- eller "energi"-kilde, der ikke er rodfæstet i Helligånden.
3. **Rens dit** hjem for symboler: ankher, Horus' øje, hellig geometri, altre, røgelse, statuer eller rituelle bøger.
4. **Erklær højt** :

"Jeg afviser enhver gammel og moderne vej til falsk lys. Jeg underkaster mig Jesus Kristus, det sande Lys. Enhver hemmelig ed brydes af Hans blod."

ANKERSKRIFTER

- Kolossenserbrevet 2:8 – Ingen hul og vildledende filosofi
- Johannes 1:4-5 – Det sande lys skinner i mørket
- 1 Korintherbrev 1:19-20 – Gud ødelægger de vises visdom

GRUPPEANSØGNING

- Afhold en symbolsk "afbrænding af skriftruller"-aften (ApG 19:19) — hvor gruppemedlemmer medbringer og destruerer alle okkulte bøger, smykker og genstande.
- Bed over folk, der har "downloadet" mærkelig viden eller åbnet tredje øje-chakraer gennem meditation.
- Led deltagerne gennem en **"lysoverførsels"** -bøn – hvor I beder Helligånden om at overtage ethvert område, der tidligere har været overgivet til okkult lys.

VIGTIG INDSIGT

Gud skjuler ikke sandheden i gåder og ritualer – Han åbenbarer den gennem sin Søn. Pas på det "lys", der trækker dig ind i mørket.

REFLEKSIONSJOURNAL

- Har jeg deltaget i en online eller fysisk skole, der lover ældgammel visdom, aktivering eller mystiske kræfter?
- Er der bøger, symboler eller ritualer, jeg engang troede var harmløse, men nu føler mig overbevist om?
- Hvor har jeg søgt åndelig oplevelse mere end forhold til Gud?

Bøn om befrielse

Herre Jesus, du er Vejen, Sandheden og Lyset. Jeg angrer enhver vej, jeg tog, som omgik Dit Ord. Jeg afsværger alle mysterieskoler, hemmelige ordener, eder og indvielser. Jeg bryder sjælebånd med alle vejledere, lærere, ånder og systemer, der er rodfæstet i gammelt bedrag. Lad dit lys skinne i hvert et skjult sted i mit hjerte og fyld mig med din Ånds sandhed. I Jesu navn går jeg fri. Amen.

DAG 31: KABBALAH, HELLIG GEOMETRI & ELITE LYSBEDRIG

"*For Satan selv forvandler sig til en lysets engel.*" - 2 Korintherbrev 11:14
"*Det skjulte hører Herren vor Gud til, men det åbenbarede hører os til...*" - 5 Mosebog 29:29

I vores søgen efter åndelig viden ligger der en fare – lokket af "skjult visdom", der lover magt, lys og guddommelighed uafhængigt af Kristus. Fra kendiskredse til hemmelige loger, fra kunst til arkitektur, væver et mønster af bedrag sig vej over hele kloden og trækker søgende ind i det esoteriske netværk af **kabbala**, **hellig geometri** og **mysterielære**.

Dette er ikke harmløse intellektuelle udforskninger. De er indgange til åndelige pagter med faldne engle, der forklæder sig som lys.

GLOBALE MANIFESTATIONER

- **Hollywood og musikbranchen** – Mange berømtheder bærer åbent kabbalah-armbånd eller tatoverer hellige symboler (som Livets Træ), der kan spores tilbage til okkult jødisk mystik.
- **Mode og arkitektur** – Frimureriske designs og hellige geometriske mønstre (Livets Blomst, hexagrammer, Horus' Øje) er indlejret i tøj, bygninger og digital kunst.
- **Mellemøsten og Europa** – Kabbalah-studiecentre trives blandt eliter og blander ofte mystik med numerologi, astrologi og englepåkaldelser.
- **Online- og New Age-kredse verden over** – YouTube, TikTok og podcasts normaliserer "lyskoder", "energiportaler", "3-6-9 vibrationer" og "guddommelig matrix"-lære baseret på hellig geometri og

kabbalistiske rammer.

Den sande historie — Når lys bliver en løgn

Jana, en 27-årig kvinde fra Sverige, begyndte at udforske Kabbalah efter at have fulgt sin yndlingssangerinde, der gav den æren for hendes "kreative opvågnen". Hun købte armbåndet med rød snor, begyndte at meditere med geometriske mandalaer og studerede englenavne fra gamle hebraiske tekster.

Tingene begyndte at ændre sig. Hendes drømme blev mærkelige. Hun følte væsener ved siden af sig i søvne, der hviskede visdom – og derefter krævede blod. Skygger fulgte hende, men hun længtes efter mere lys.

Til sidst faldt hun over en befrielsesvideo online og indså, at hendes pine ikke var åndelig opstigning, men åndeligt bedrag. Efter seks måneder med befrielsessessioner, faste og afbrænding af alle kabbalistiske genstande i sit hus, begyndte freden at vende tilbage. Hun advarer nu andre gennem sin blog: "Det falske lys ødelagde mig næsten."

AT SKELNE STIEN

Kabbalah, selvom den nogle gange er klædt i religiøse klæder, afviser Jesus Kristus som den eneste vej til Gud. Den ophøjer ofte det **"guddommelige selv"**, fremmer **kanalisering** og **opstigning til livets træ** og bruger **matematisk mystik** til at fremkalde magt. Disse praksisser åbner **åndelige porte** - ikke til himlen, men for væsener, der forklæder sig som lysbærere.

Mange kabbalistiske doktriner krydser hinanden:

- Frimureriet
- Rosenkreuzismen
- Gnosticisme
- Luciferianske oplysningskulter

Fællesnævneren? Jagten på guddommelighed uden Kristus.

Handlingsplan – Afsløring og uddrivelse af falsk lys

1. **Omvend dig** fra ethvert engagement i Kabbalah, numerologi, hellig geometri eller "mysterieskole"-lære.

2. **Ødelæg genstande** i dit hjem, der er forbundet med disse skikke – mandalaer, altre, kabbala-tekster, krystalgitre, smykker med hellige symboler.
3. **Giv afkald på ånder af falsk lys** (f.eks. Metatron, Raziel, Shekinah i mystisk form) og befal enhver falsk engel at forlade dem.
4. **Fordyb dig** i Kristi enkelhed og tilstrækkelighed (2 Korintherbrev 11:3).
5. **Fast og salv** dig selv — øjne, pande, hænder — idet du afsværger al falsk visdom og erklærer din troskab til Gud alene.

Gruppeansøgning

- Del eventuelle møder med "lyslære", numerologi, kabbalah-medier eller hellige symboler.
- Lav som gruppe en liste over sætninger eller overbevisninger, der lyder "åndelige", men som modsætter sig Kristus (f.eks. "Jeg er guddommelig", "universet sørger for", "Kristusbevidsthed").
- Salv hver person med olie, mens du erklærer Johannes 8:12 — *"Jesus er verdens lys."*
- Brænd eller kasser alle materialer eller genstande, der refererer til hellig geometri, mystik eller "guddommelige koder".

VIGTIG INDSIGT

Satan kommer ikke først som ødelæggeren. Han kommer ofte som oplyseren – og tilbyder hemmelig viden og falsk lys. Men det lys fører kun til dybere mørke.

Refleksionsjournal

- Har jeg åbnet min ånd for noget "åndeligt lys", der har omgået Kristus?
- Er der symboler, sætninger eller genstande, jeg troede var harmløse, men som jeg nu genkender som portaler?
- Har jeg ophøjet personlig visdom over bibelsk sandhed?

Bøn om befrielse

Fader, jeg afsværger ethvert falsk lys, mystisk lære og hemmelig viden, der har viklet min sjæl ind. Jeg bekender, at kun Jesus Kristus er verdens sande Lys. Jeg afviser Kabbalah, hellig geometri, numerologi og alle dæmonlærdomme. Lad enhver falsk ånd nu blive oprykket fra mit liv. Rens mine øjne, mine tanker, min fantasi og min ånd. Jeg er alene Din - ånd, sjæl og krop. I Jesu navn. Amen.

DAG 3 2: SLANGEÅNDEN I DET INDENI — NÅR BEFRIELSEN KOMMER FOR SENT

"*De har øjne fulde af utroskab ... de lokker ustabile sjæle ... de har fulgt Bileams vej ... for hvem mørkets mørke er gemt for evigt.*" - 2 Peter 2:14-17

"*Lad jer ikke narre! Gud kan ikke spottes. Et menneske høster, hvad det sår.*" - Galaterbrevet 6:7

Der findes en dæmonisk forfalskning, der fremstilles som oplysning. Den helbreder, giver energi, styrker – men kun i en kort periode. Den hvisker guddommelige mysterier, åbner dit "tredje øje", frigør kraft i rygsøjlen – og **slavebinder dig derefter i pine**.

Det er **Kundalini**.

Slangeånden . Den falske "hellige

ånd" fra New Age.

Når den aktiveres – gennem yoga, meditation, psykedelika, traumer eller okkulte ritualer – snor denne kraft sig ved rygsøjlens rod og stiger op som ild gennem chakraerne. Mange tror, det er en spirituel opvågning. I virkeligheden er det **en dæmonisk besættelse** forklædt som guddommelig energi.

Men hvad sker der, når det **ikke vil forsvinde**?

Virkelig historie – "Jeg kan ikke slukke den"

Marissa, en ung kristen kvinde i Canada, havde prøvet "kristen yoga", før hun gav sit liv til Kristus. Hun elskede de fredfyldte følelser, vibrationerne, lysvisionerne. Men efter en intens session, hvor hun følte sin rygsøjle "antændes", besvimede hun – og vågnede op ude af stand til at trække vejret. Den nat begyndte noget **at plage hendes søvn**, vride hendes krop, fremstå som "Jesus" i hendes drømme – men hånede hende.

Hun blev **udfriet** fem gange. Ånderne forlod stedet – men vendte tilbage. Hendes rygrad vibrerede stadig. Hendes øjne så konstant ind i åndernes verden. Hendes krop bevægede sig ufrivilligt. Trods frelse gik hun nu gennem et helvede, som få kristne forstod. Hendes ånd var frelst – men hendes sjæl var **krænket, revnet og fragmenteret**.

Eftervirkningerne ingen taler om

- **Det tredje øje forbliver åbent** : Konstante visioner, hallucinationer, åndelig støj, "engle", der taler løgne.
- **Kroppen holder ikke op med at vibrere** : Ukontrollerbar energi, tryk i kraniet, hjertebanken.
- **Uophørlig pine** : Selv efter 10+ befrielsessessioner.
- **Isolation** : Præster forstår ikke. Kirker ignorerer problemet. Personen bliver stemplet som "ustabil".
- **Frygt for helvede** : Ikke på grund af synd, men på grund af den pine, der nægter at ophøre.

Kan kristne nå et punkt uden vej tilbage?

Ja - i dette liv. Du kan blive **frelst**, men så fragmenteret, at **din sjæl er i pine indtil døden**.

Dette er ikke skræmmekampagner. Dette er en **profetisk advarsel**.

Globale eksempler

- **Afrika** – Falske profeter frigiver Kundalini-ild under gudstjenester – folk får kramper, skummer, griner eller brøler.
- **Asien** – Yogamestre stiger op til "siddhi" (dæmonisk besættelse) og kalder det guddommelig bevidsthed.
- **Europa/Nordamerika** – Neokarismatiske bevægelser, der kanaliserer "herlighedsriger", gøer, griner og falder ukontrolleret – ikke af Gud.
- **Latinamerika** – Shamanistiske opvågninger, der bruger ayahuasca (plantemedicin) til at åbne spirituelle døre, de ikke kan lukke.

HANDLINGSPLAN – HVIS du er gået for langt

1. **Bekend den præcise portal** : Kundalini yoga, tredje øje meditationer, new age kirker, psykedelika osv.
2. **Stop al jagt på befrielse** : Nogle ånder piner længere, når du bliver ved med at give dem frygt.
3. **Forankre dig selv i Skriften** DAGLIGT — især Salme 119, Esajas 61 og Johannes 1. Disse fornyer sjælen.
4. **Underkast dig fællesskabet** : Find mindst én Helligåndsfyldt troende at vandre med. Isolation giver dæmoner kraft.
5. **Giv afkald på alt åndeligt "syn", ild, viden, energi** - selvom det føles helligt.
6. **Bed Gud om nåde** – ikke én gang. Dagligt. Hver time. Hold ud. Gud fjerner det måske ikke øjeblikkeligt, men han vil bære dig.

GRUPPEANSØGNING

- Hold en stund med stille refleksion. Spørg: Har jeg søgt åndelig kraft frem for åndelig renhed?
- Bed for dem, der lider uophørlig pinsel. Lov IKKE øjeblikkelig frihed – lov **discipelskab** .
- Lær forskellen mellem **Åndens frugt** (Galaterbrevet 5:22-23) og **sjælelige manifestationer** (rystelser, hede, syner).
- Brænd eller ødelæg alle genstande fra den nye tidsalder: chakrasymboler, krystaller, yogamåtter, bøger, olier, "Jesus-kort".

Vigtig indsigt

Der er en **grænse**, man kan krydse – når sjælen bliver en åben port og nægter at lukke sig. Din ånd kan blive frelst ... men din sjæl og krop kan stadig leve i pine, hvis du er blevet besmittet af okkult lys.

Refleksionsjournal

- Har jeg nogensinde søgt magt, ild eller profetisk syn mere end hellighed og sandhed?
- Har jeg åbnet døre gennem "kristnede" new age-praksisser?
- Er jeg villig til at **vandre dagligt** med Gud, selvom fuld befrielse tager år?

Bøn om overlevelse

Fader, jeg råber om nåde. Jeg afsværger enhver slangeånd, Kundalini-kraft, åbning af det tredje øje, falsk ild eller new age-forfalskning, jeg nogensinde har rørt ved. Jeg overgiver min sjæl – splittet som den er – tilbage til Dig. Jesus, red mig ikke kun fra synd, men fra pine. Forsegl mine porte. Helbred mit sind. Luk mine øjne. Knus slangen i min rygrad. Jeg venter på Dig, selv i smerten. Og jeg vil ikke give op. I Jesu navn. Amen.

DAG 33: SLANGEÅNDEN I DIG — NÅR BEFRIELSEN KOMMER FOR SENT

"*De har øjne fulde af utroskab ... de lokker ustabile sjæle ... de har fulgt Bileams vej ... for hvem mørkets mørke er gemt for evigt.*" - 2 Peter 2:14-17

"*Lad jer ikke narre! Gud kan ikke spottes. Et menneske høster, hvad det sår.*" - Galaterbrevet 6:7

Der findes en dæmonisk forfalskning, der fremstilles som oplysning. Den helbreder, giver energi, styrker – men kun i en kort periode. Den hvisker guddommelige mysterier, åbner dit "tredje øje", frigør kraft i rygsøjlen – og **slavebinder dig derefter i pine**.

Det er **Kundalini**.

Slangeånden. Den falske "hellige **ånd**" fra New Age.

Når den aktiveres – gennem yoga, meditation, psykedelika, traumer eller okkulte ritualer – snor denne kraft sig ved rygsøjlens rod og stiger op som ild gennem chakraerne. Mange tror, det er en spirituel opvågning. I virkeligheden er det **en dæmonisk besættelse** forklædt som guddommelig energi.

Men hvad sker der, når det **ikke vil forsvinde**?

Virkelig historie – "Jeg kan ikke slukke den"

Marissa, en ung kristen kvinde i Canada, havde prøvet "kristen yoga", før hun gav sit liv til Kristus. Hun elskede de fredfyldte følelser, vibrationerne, lysvisionerne. Men efter en intens session, hvor hun følte sin rygsøjle "antændes", besvimede hun – og vågnede op ude af stand til at trække vejret. Den nat begyndte noget **at plage hendes søvn**, vride hendes krop, fremstå som "Jesus" i hendes drømme – men hånede hende.

Hun blev **udfriet** fem gange. Ånderne forlod stedet – men vendte tilbage. Hendes rygrad vibrerede stadig. Hendes øjne så konstant ind i åndernes verden.

Hendes krop bevægede sig ufrivilligt. Trods frelse gik hun nu gennem et helvede, som få kristne forstod. Hendes ånd var frelst – men hendes sjæl var **krænket, revnet og fragmenteret**.

Eftervirkningerne ingen taler om

- **Det tredje øje forbliver åbent** : Konstante visioner, hallucinationer, åndelig støj, "engle", der taler løgne.
- **Kroppen holder ikke op med at vibrere** : Ukontrollerbar energi, tryk i kraniet, hjertebanken.
- **Uophørlig pine** : Selv efter 10+ befrielsessessioner.
- **Isolation** : Præster forstår ikke. Kirker ignorerer problemet. Personen bliver stemplet som "ustabil".
- **Frygt for helvede** : Ikke på grund af synd, men på grund af den pine, der nægter at ophøre.

Kan kristne nå et punkt uden vej tilbage?

Ja - i dette liv. Du kan blive **frelst**, men så fragmenteret, at **din sjæl er i pine indtil døden**.

Dette er ikke skræmmekampagner. Dette er en **profetisk advarsel**.

Globale eksempler

- **Afrika** – Falske profeter frigiver Kundalini-ild under gudstjenester – folk får kramper, skummer, griner eller brøler.
- **Asien** – Yogamestre stiger op til "siddhi" (dæmonisk besættelse) og kalder det guddommelig bevidsthed.
- **Europa/Nordamerika** – Neokarismatiske bevægelser, der kanaliserer "herlighedsriger", gøer, griner og falder ukontrolleret – ikke af Gud.
- **Latinamerika** – Shamanistiske opvågninger, der bruger ayahuasca (plantemedicin) til at åbne spirituelle døre, de ikke kan lukke.

Handlingsplan – Hvis du er gået for langt

1. **Bekend den præcise portal** : Kundalini yoga, tredje øje meditationer, new age kirker, psykedelika osv.
2. **Stop al jagt på befrielse** : Nogle ånder piner længere, når du bliver

ved med at give dem frygt.
3. **Forankre dig selv i Skriften** DAGLIGT — især Salme 119, Esajas 61 og Johannes 1. Disse fornyer sjælen.
4. **Underkast dig fællesskabet** : Find mindst én Helligåndsfyldt troende at vandre med. Isolation giver dæmoner kraft.
5. **Giv afkald på alt åndeligt "syn", ild, viden, energi** - selvom det føles helligt.
6. **Bed Gud om nåde** – ikke én gang. Dagligt. Hver time. Hold ud. Gud fjerner det måske ikke øjeblikkeligt, men han vil bære dig.

Gruppeansøgning

- Hold en stund med stille refleksion. Spørg: Har jeg søgt åndelig kraft frem for åndelig renhed?
- Bed for dem, der lider uophørlig pinsel. Lov IKKE øjeblikkelig frihed – lov **discipelskab** .
- Lær forskellen mellem **Åndens frugt** (Galaterbrevet 5:22-23) og **sjælelige manifestationer** (rystelser, hede, syner).
- Brænd eller ødelæg alle genstande fra den nye tidsalder: chakrasymboler, krystaller, yogamåtter, bøger, olier, "Jesus-kort".

Vigtig indsigt

Der er en **grænse**, man kan krydse – når sjælen bliver en åben port og nægter at lukke sig. Din ånd kan blive frelst ... men din sjæl og krop kan stadig leve i pine, hvis du er blevet besmittet af okkult lys.

Refleksionsjournal

- Har jeg nogensinde søgt magt, ild eller profetisk syn mere end hellighed og sandhed?
- Har jeg åbnet døre gennem "kristnede" new age-praksisser?
- Er jeg villig til at **vandre dagligt** med Gud, selvom fuld befrielse tager år?

Bøn om overlevelse

Fader, jeg råber om nåde. Jeg afsværger enhver slangeånd, Kundalini-kraft, åbning af det tredje øje, falsk ild eller new age-forfalskning, jeg nogensinde har rørt ved. Jeg overgiver min sjæl – splittet som den er – tilbage til Dig. Jesus, red mig ikke kun fra synd, men fra pine. Forsegl mine porte. Helbred mit sind. Luk mine øjne. Knus slangen i min rygrad. Jeg venter på Dig, selv i smerten. Og jeg vil ikke give op. I Jesu navn. Amen.

DAG 34: FRURERE, KODEKS & FORBANDELSER — Når broderskab bliver trældom

"*Hav ikke fællesskab med mørkets ufrugtbare gerninger, men afslør dem snarere.*" - Efeserbrevet 5:11

"*Du må ikke slutte pagt med dem eller med deres guder.*" - Anden Mosebog 23:32

Hemmelige selskaber lover succes, forbindelser og ældgammel visdom. De tilbyder **eder, grader og hemmeligheder,** der er givet videre "til gode mænd". Men hvad de fleste ikke er klar over er: disse selskaber er **pagtsaltre**, ofte bygget på blod, bedrag og dæmonisk troskab.

Fra frimureriet til kabbalaen, rosenkreuzerne til Skull & Bones – disse organisationer er ikke bare klubber. De er **åndelige kontrakter**, smedet i mørke og beseglet med ritualer, der **forbander generationer**.

Nogle sluttede sig frivilligt til. Andre havde forfædre, der gjorde det.

Uanset hvad, forbliver forbandelsen – indtil den er brudt.

En skjult arv — Jasons historie

Jason, en succesfuld bankmand i USA, havde alt, hvad der stod i hans magt – en smuk familie, rigdom og indflydelse. Men om natten vågnede han op og blev kvalt, så hætteklædte skikkelser og hørte besværgelser i sine drømme. Hans bedstefar havde været frimurer af 33. grad, og Jason bar stadig ringen.

Han aflagde engang spøgefuldt sine frimurerløfter ved et klubarrangement – men i det øjeblik han gjorde det, **gik der noget op for ham**. Hans sind begyndte at bryde sammen. Han hørte stemmer. Hans kone forlod ham. Han forsøgte at afslutte det hele.

Ved et retreat opdagede nogen den frimureriske forbindelse. Jason græd, da han **afsværgede enhver ed**, brød ringen og blev udfriet i tre timer. Den nat sov han i fred for første gang i årevis.

Hans vidneudsagn?

"Man laver ikke sjov med hemmelige altre. De taler – indtil man får dem til at lukke munden i Jesu navn."

BRODERSKABETS GLOBALE web

- **Europa** – Frimureriet er dybt forankret i erhvervslivet, politik og kirkesamfund.
- **Afrika** – Illuminati og hemmelige ordener, der tilbyder rigdom i bytte for sjæle; kulter på universiteter.
- **Latinamerika** – jesuittisk infiltration og frimurerritualer blandet med katolsk mystik.
- **Asien** – Gamle mysterieskoler, tempelpræstedømmer knyttet til generationseder.
- **Nordamerika** – Eastern Star, Scottish Rite, broderskaber som Skull & Bones, Bohemian Grove-eliten.

Disse kulter påkalder ofte "Gud", men ikke **Bibelens Gud** – de refererer til den **store arkitekt**, en upersonlig kraft knyttet til **luciferiansk lys**.

Tegn på, at du er påvirket

- Kronisk sygdom, som lægerne ikke kan forklare.
- Frygt for avancement eller frygt for at bryde med familiesystemer.
- Drømme om klæder, ritualer, hemmelige døre, loger eller mærkelige ceremonier.
- Depression eller sindssyge i den mandlige linje.
- Kvinder, der kæmper med barnløshed, misbrug eller frygt.

Handlingsplan for udfrielse

1. **Afsværg alle kendte eder** – især hvis du eller din familie var en del af frimureriet, rosenkreuzerne, Eastern Star, Kabala eller et hvilket som helst "broderskab".
2. **Bryd alle grader** – fra indtrådt lærling til 33. grad, ved navn.

3. **Ødelæg alle symboler** – ringe, forklæder, bøger, vedhæng, certifikater osv.
4. **Luk porten** – åndeligt og juridisk gennem bøn og erklæring.

Brug disse skriftsteder:

- Esajas 28:18 — "Jeres pagt med døden skal ophæves."
- Galaterbrevet 3:13 — "Kristus har løskøbt os fra lovens forbandelse."
- Ezekiel 13:20-23 — "Jeg vil rive jeres slør i stykker og befri mit folk."

Gruppeansøgning

- Spørg om noget medlem havde forældre eller bedsteforældre i hemmelige selskaber.
- Led en **guidet afkaldelse** gennem alle grader af frimureriet (du kan lave et trykt manuskript til dette).
- Brug symbolske handlinger – brænd en gammel ring eller tegn et kors over panden for at ugyldiggøre det "tredje øje", der åbnes i ritualer.
- Bed over sind, nakke og rygge – disse er almindelige steder for trældom.

Vigtig indsigt
Broderskab uden Kristi blod er et broderskab i trældom.
Du må vælge: pagt med mennesker eller pagt med Gud.
Refleksionsjournal

- Har nogen i min familie været involveret i frimureri, mystik eller hemmelige eder?
- Har jeg ubevidst reciteret eller efterlignet løfter, trosbekendelser eller symboler knyttet til hemmelige selskaber?
- Er jeg villig til at bryde familietraditioner for at vandre fuldt ud i Guds pagt?

Bøn om forsagelse

Fader, i Jesu navn afsværger jeg enhver pagt, ed eller ritual knyttet til frimureri, kabbala eller ethvert hemmeligt selskab - i mit liv eller min blodslinje. Jeg bryder enhver grad, enhver løgn, enhver dæmonisk rettighed, der er blevet givet gennem ceremonier eller symboler. Jeg erklærer, at Jesus Kristus er mit eneste Lys, min eneste Arkitekt og min eneste Herre. Jeg modtager frihed nu, i Jesu navn. Amen.

DAG 35: HEKSE I BÆNENE — NÅR ONDSKABET KOMMER IND GENNEM KIRKEDØRENE

"For sådanne mænd er falske apostle, svigefulde arbejdere, der giver sig ud for at være Kristi apostle. Og det er ikke underligt, for selv Satan giver sig ud for at være en lysets engel." — 2 Korintherbrev 11:13-14

"Jeg kender dine gerninger, din kærlighed og din tro ... Men jeg har noget imod dig, at du tolererer kvinden Jesabel, som kalder sig selv profetinde ..." — Åbenbaringen 2:19-20

Den farligste heks er ikke den, der flyver om natten.

Det er den, **der sidder ved siden af dig i kirken**.

De bærer ikke sorte klæder eller rider på kosteskafter.

De leder bønnemøder. Synger i lovsangshold. Profeterer i tunger. Er præster i kirker. Og alligevel ... er de **bærere af mørke**.

Nogle ved præcis, hvad de laver – sendt som åndelige snigmordere.

Andre er ofre for forfædres hekseri eller oprør, der opererer med gaver, der er **urene**.

Kirken som dække — "Miriams" historie

Miriam var en populær befrielsespræst i en stor vestafrikansk kirke. Hendes stemme befalede dæmoner at flygte. Folk rejste på tværs af nationer for at blive salvet af hende.

Men Miriam havde en hemmelighed: om natten rejste hun ud af sin krop. Hun ville se kirkemedlemmers hjem, deres svagheder og deres blodslinjer. Hun troede, det var det "profetiske".

Hendes kraft voksede. Men det gjorde hendes pine også.

Hun begyndte at høre stemmer. Kunne ikke sove. Hendes børn blev overfaldet. Hendes mand forlod hende.

Hun tilstod endelig: hun var blevet "aktiveret" som barn af sin bedstemor, en magtfuld heks, der fik hende til at sove under forbandede tæpper.
"Jeg troede, jeg var fyldt med Helligånden. Det var en ånd ... men ikke hellig."
Hun gennemgik en udfrielse. Men krigen er aldrig stoppet. Hun siger:
"Hvis jeg ikke havde bekendt, ville jeg være død på et ildalter ... i kirken."

Globale situationer med skjult hekseri i kirken

- **Afrika** – Åndelig misundelse. Profeter bruger spådomskunst, ritualer og vandemoner. Mange altre er faktisk portaler.
- **Europa** – Psykiske medier forklædt som "spirituelle trænere". Hekseri pakket ind i new age-kristendom.
- **Asien** – Tempelpræstinder går ind i kirker for at plante forbandelser og konvertitter til astralmonitorer.
- **Latinamerika** – Santería - praktiserende "præster", der prædiker befrielse, men ofrer kyllinger om natten.
- **Nordamerika** – Kristne hekse, der hævder at være "Jesus og tarot", energihealere på kirkescener og præster involveret i frimurerritualer.

Tegn på hekseri i kirken

- Tung atmosfære eller forvirring under gudstjenesten.
- Drømme om slanger, sex eller dyr efter gudstjenester.
- Lederskab falder i pludselig synd eller skandale.
- "Profetier", der manipulerer, forfører eller skammer sig.
- Enhver, der siger "Gud fortalte mig, at du er min mand/kone".
- Mærkelige genstande fundet nær prædikestolen eller altrene.

HANDLINGSPLAN FOR UDFRIELSE

1. **Bed om dømmekraft** — Bed Helligånden om at åbenbare, om der er skjulte hekse i jeres fællesskab.
2. **Prøv enhver ånd** – selv hvis den lyder åndelig (1 Johannes 4:1).
3. **Bryd sjælebåndene** — Hvis du er blevet bedt over, der er blevet

profeteret til dig, eller berørt af en uren person, så **afsværg det**.
4. **Bed over din kirke** – Erklær Guds ild for at afsløre ethvert skjult alter, enhver hemmelig synd og enhver åndelig igler.
5. **Hvis du er et offer** — Søg hjælp. Vær ikke tavs eller alene.

Gruppeansøgning

- Spørg gruppemedlemmerne: Har du nogensinde følt dig utilpas eller åndeligt krænket under en gudstjeneste?
- Led en **fælles rensende bøn** for fællesskabet.
- Salv enhver person og erklær en **åndelig brandmur** omkring sind, altre og gaver.
- Lær ledere, hvordan man **screener gaver** og **tester ånder**, før de tillader folk ind i synlige roller.

Vigtig indsigt
Ikke alle, der siger "Herre, Herre", er fra Herren.
Kirken er den **primære slagmark** for åndelig besmittelse – men også stedet for helbredelse, når sandheden opretholdes.

Refleksionsjournal

- Har jeg modtaget bønner, formidling eller mentorordninger fra en person, hvis liv har båret vanhellig frugt?
- Har der været tidspunkter, hvor jeg har følt mig "uartig" efter kirke, men ignoreret det?
- Er jeg villig til at konfrontere hekseri, selvom jeg har jakkesæt på eller synger på scenen?

Bøn om afsløring og frihed
Herre Jesus, jeg takker dig for at være det sande Lys. Jeg beder dig nu om at afsløre enhver skjult mørkets væsen, der opererer i eller omkring mit liv og fællesskab. Jeg afsværger enhver uhellig berigelse, falsk profeti eller sjælebånd, jeg har modtaget fra åndelige bedragere. Rens mig med dit blod. Lut mine gaver. Bevogt mine porte. Brænd enhver falsk ånd væk med din hellige ild. I Jesu navn. Amen.

DAG 36: KODEDE BRYLDSLER — NÅR SANGE, MODE OG FILM BLIV PORTALER

"*Hav ikke del i mørkets ufrugtbare gerninger, men afslør dem i stedet.*" - Efeserbrevet 5:11

"*Hold dig fra ugudelige myter og gamle kjerringråd; oplær dig selv i at være gudfrygtig.*" - 1 Timoteus 4:7

Ikke alle kampe begynder med et blodoffer.

Nogle starter med et **beat**.

En melodi. En iørefaldende tekst, der hænger fast i din sjæl. Eller et **symbol** på dit tøj, du syntes var "cool".

Eller et "harmløst" show, du danser med, mens dæmoner smiler i skyggerne.

I dagens hyperforbundne verden er hekseri **kodet** – gemt i **åben mund** gennem medier, musik, film og mode.

En mørk lyd — Virkelig historie: "Hovedtelefonerne"

Elijah, en 17-årig i USA, begyndte at få panikanfald, søvnløse nætter og dæmoniske drømme. Hans kristne forældre troede, det var stress.

Men under en befrielsessession instruerede Helligånden holdet i at spørge om hans **musik**.

Han indrømmede: "Jeg lytter til trap metal. Jeg ved, det er mørkt ... men det får mig til at føle mig stærk."

Da holdet spillede en af hans yndlingssange i bøn, skete der en **manifestation**.

Beatsene var kodet med **sangspor** fra okkulte ritualer. Baglæns maskering afslørede sætninger som "underkast dig din sjæl" og "Lucifer taler".

Da Elijah slettede musikken, angrede og gav afkald på forbindelsen, vendte freden tilbage.

Krigen var kommet ind gennem hans **øreporte**.

Globale programmeringsmønstre

- **Afrika** – Afrobeat-sange knyttet til pengeritualer; "juju"-referencer skjult i tekster; modemærker med symboler på marinekongeriger.
- **Asien** – K-pop med subliminale seksuelle og åndskanaliserende budskaber; anime-figurer fyldt med shinto-dæmonlore.
- **Latinamerika** – Reggaeton promoverer Santería-sang og bagudkodede trylleformularer.
- **Europa** – Modehuse (Gucci, Balenciaga) indlejrer sataniske billeder og ritualer i catwalkkulturen.
- **Nordamerika** – Hollywood-film kodet med hekseri (Marvel, gyser, "light vs dark"-film); tegnefilm, der bruger magi som sjov.

Common Entry Portals (and Their Spirit Assignments)

Media Type	Portal	Demonic Assignment
Music	Beats/samples from rituals	Torment, violence, rebellion
TV Series	Magic, lust, murder glorification	Desensitization, soul dulling
Fashion	Symbols (serpent, eye, goat, triangles)	Identity confusion, spiritual binding
Video Games	Sorcery, blood rites, avatars	Astral transfer, addiction, occult alignment
Social Media	Trends on "manifestation," crystals, spells	Sorcery normalization

HANDLINGSPLAN – OPLEV, Afgift, Forsvar

1. **Tjek din playliste, garderobe og seerhistorik**. Kig efter okkult, lystfyldt, oprørsk eller voldeligt indhold.

2. **Bed Helligånden om at afsløre** enhver uhellig indflydelse.
3. **Slet og ødelæg**. Sælg eller donér ikke. Brænd eller smid noget dæmonisk ud – fysisk eller digitalt.
4. **Salv dine redskaber**, dit rum og dine ører. Erklær dem hellige til Guds ære.
5. **Erstat med sandhed**: Tilbedelsesmusik, gudfrygtige film, bøger og skriftlæsninger, der fornyer dit sind.

Gruppeansøgning

- Led medlemmerne i en "Medieopgørelse". Lad hver person skrive ned shows, sange eller genstande, de har mistanke om kan være portaler.
- Bed over telefoner og hovedtelefoner. Salv dem.
- Lav en gruppe-"detox-faste" — 3 til 7 dage uden sekulære medier. Nær dig kun af Guds ord, tilbedelse og fællesskab.
- Vidner om resultaterne på næste møde.

Vigtig indsigt
Dæmoner behøver ikke længere et helligdom for at komme ind i dit hus. Alt de behøver er dit samtykke til at trykke på play.

Refleksionsjournal

- Hvad har jeg set, hørt eller båret, som kunne være en åben dør til undertrykkelse?
- Er jeg villig til at opgive det, der underholder mig, hvis det også slavebinder mig?
- Har jeg normaliseret oprør, begær, vold eller hån i "kunstens" navn?

BØN OM UDRENSNING
Herre Jesus, jeg kommer for Dig og beder om fuld åndelig afgiftning. Afslør enhver kodet besværgelse, jeg har lukket ind i mit liv gennem musik, mode, spil eller medier. Jeg angrer at have set, båret og lyttet til det, der

vanærer Dig. I dag afbryder jeg sjælebåndene. Jeg uddriver enhver ånd af oprør, hekseri, begær, forvirring eller pine. Rens mine øjne, ører og hjerte. Jeg dedikerer nu min krop, medier og valg til Dig alene. I Jesu navn. Amen.

DAG 37: MAGTENS USYNLIGE ALTRE — FRIMURERE, KABBALAH OG OKKULTE ELITTER

"Igen tog Djævelen ham med op på et meget højt bjerg og viste ham alle verdens riger og deres pragt og sagde: 'Alt dette vil jeg give dig, hvis du vil bøje dig ned og tilbede mig.'" - Matthæus 4:8-9

"I kan ikke drikke Herrens bæger og dæmonernes bæger; I kan ikke have del i både Herrens bord og dæmonernes bord." - 1 Korintherbrev 10:21

Der er altre gemt ikke i huler, men i mødelokaler.

Ånder ikke kun i jungler – men i regeringsbygninger, finanstårne, Ivy League-biblioteker og helligdomme forklædt som "kirker".

Velkommen til den **okkulte elites rige**:

frimurere, rosenkreuzere, kabbalister, jesuitordener, østerlandske stjerner og skjulte luciferianske præsteskaber, der **skjuler deres hengivenhed til Satan i ritualer, hemmeligholdelse og symboler**. Deres guder er fornuft, magt og ældgammel viden - men deres **sjæle er pantsat i mørket**.

Skjult i almindeligt syn

- **Frimureriet** forklæder sig som et broderskab af bygmestre – alligevel påkalder dets højere grader dæmoniske væsener, sværger dødseder og ophøjer Lucifer som "lysbærer".
- **Kabbalah** lover mystisk adgang til Gud – men erstatter subtilt Jahve med kosmiske energikort og numerologi.
- **Jesuitisk mystik**, i sine korrupte former, blander ofte katolsk billedsprog med åndelig manipulation og kontrol over verdenssystemer.
- **Hollywood, mode, finans og politik** bærer alle kodede budskaber, symboler og **offentlige ritualer, der i virkeligheden er**

tilbedelsestjenester til Lucifer .

Du behøver ikke at være en berømthed for at blive påvirket. Disse systemer **forurener nationer** gennem:

- Medieprogrammering
- Uddannelsessystemer
- Religiøst kompromis
- Finansiel afhængighed
- Ritualer forklædt som "indvielser", "løfter" eller "mærkeaftaler"

Sand historie – "Lodgen ødelagde min slægt"
Solomon (navn ændret), en succesfuld forretningsmagnat fra Storbritannien, meldte sig ind i en frimurerloge for at netværke. Han steg hurtigt og opnåede rigdom og prestige. Men han begyndte også at have skræmmende mareridt – mænd i kappeklædt tøj, der tilkaldte ham, blodige eder, mørke dyr, der jagtede ham. Hans datter begyndte at skære sig selv og hævdede, at en "tilstedeværelse" fik hende til at gøre det.

En nat så han en mand på sit værelse – halvt menneske, halvt sjakal – som sagde til ham: *"Du er min. Prisen er betalt."* Han kontaktede en befrielsestjeneste. Det tog **syv måneder med forsagelse, faste, opkastningsritualer og udskiftning af alle okkulte bånd** – før freden kom.

Han opdagede senere: **Hans bedstefar var murer af 33. grad. Han havde kun ubevidst videreført arven.**

Global rækkevidde

- **Afrika** – Hemmelige selskaber blandt stammeherskere, dommere, præster — der sværger troskab til blodseder i bytte for magt.
- **Europa** – Malteserriddere, illuministiske loger og elite esoteriske universiteter.
- **Nordamerika** – Frimureriske fundamenter under de fleste stiftelsesdokumenter, domstolsstrukturer og endda kirker.
- **Asien** – Skjulte dragekulter, forfædreordener og politiske grupper med rødder i hybrider af buddhisme og shamanisme.
- **Latinamerika** – Synkretiske kulter, der blander katolske helgener

med luciferianske ånder som Santa Muerte eller Baphomet.

Handlingsplan — Undslippe Elite-altre

1. **Afsværg** enhver involvering i frimureriet, Eastern Star, jesuitiske eder, gnostiske bøger eller mystiske systemer – selv "akademisk" studie af sådanne.
2. **Ødelæg** regalier, ringe, nåle, bøger, forklæder, fotos og symboler.
3. **Bryd ordforbandelser** — især dødseder og indvielsesløfter. Brug Esajas 28:18 ("Jeres pagt med døden skal ophæves...").
4. **Faste i 3 dage**, mens du læser Ezekiel 8, Esajas 47 og Åbenbaringen 17.
5. **Erstat alteret**: Genindvie dig selv til Kristi alter alene (Romerne 12:1-2). Nadver. Tilbedelse. Salvelse.

Du kan ikke være i himmelens sale og i Lucifers sale på samme tid. Vælg dit alter.

Gruppeansøgning

- Kortlæg fælles eliteorganisationer i din region – og bed direkte imod deres åndelige indflydelse.
- Afhold en session, hvor medlemmer fortroligt kan bekende, om deres familier har været involveret i frimureri eller lignende kulter.
- Bring olie og nadver – led en masseafsværgelse af eder, ritualer og hemmelige segl.
- Bryd stoltheden – mind gruppen om: **Ingen adgang er din sjæl værd.**

Vigtig indsigt

Hemmelige selskaber lover lys. Men kun Jesus er verdens lys. Alle andre altre kræver blod – men kan ikke frelse.

Refleksionsjournal

- Var nogen i min blodslinje involveret i hemmelige selskaber eller "ordener"?

- Har jeg læst eller ejet okkulte bøger maskeret som akademiske tekster?
- Hvilke symboler (pentagrammer, altseende øjne, sole, slanger, pyramider) er skjult i mit tøj, min kunst eller mine smykker?

Bøn om forsagelse

Fader, jeg afsværger ethvert hemmeligt selskab, enhver loge, enhver ed, ethvert ritual eller ethvert alter, der ikke er grundlagt på Jesus Kristus. Jeg bryder mine fædres pagter, min blodslinje og min egen mund. Jeg afviser frimureri, kabbalah, mystik og enhver skjult pagt indgået for magt. Jeg ødelægger ethvert symbol, ethvert segl og enhver løgn, der lovede lys, men gav trældom. Jesus, jeg indsætter dig igen på tronen som min eneste Mester. Lad dit lys skinne ind i ethvert hemmeligt sted. I dit navn vandrer jeg fri. Amen.

DAG 38: LIVMODERPAGTER & VANDRIGER — NÅR SKÆBNEN ER BESVÆRNET FØR FØDSELEN

"*De ugudelige er fremmedgjort fra moders liv; de farer vild, så snart de er født, og de taler løgne.*" - Salme 58:3

"*Før jeg dannede dig i moders liv, kendte jeg dig, før du var født, satte jeg dig til side...*" - Jeremias 1:5

Hvad nu hvis de kampe, du kæmper, ikke startede med dine valg – men din opfattelse?

Hvad hvis dit navn blev nævnt på mørke steder, mens du stadig var i livmoderen?

Hvad nu hvis **din identitet blev udvekslet**, din **skæbne solgt**, og din **sjæl mærket** – før du tog dit første åndedrag?

Dette er virkeligheden med **undervandsindvielser**, **marine åndepagter** og **okkulte livmoderkrav**, der **binder generationer sammen**, især i regioner med dybe forfædres og kystritualer.

Vandriget — Satans trone nedenfor

I den usynlige verden hersker Satan **over mere end blot luften**. Han styrer også **havverdenen** – et enormt dæmonisk netværk af ånder, altre og ritualer under havene, floderne og søerne.

Marineånder (almindeligvis kaldet *Mami Wata*, *kystens dronning*, *åndehustruer/ægtemænd* osv.) er ansvarlige for:

- For tidlig død
- Ufrugtbarhed og spontane aborter
- Seksuel bondage og drømme
- Psykisk pine
- Lidelser hos nyfødte

- Virksomheders op- og nedgangsmønstre

Men hvordan får disse ånder **lovligt territorium** ?
Ved livmoderen.
Usete indvielser før fødslen

- **Forfædres dedikationer** – Et barn "lovet" til en guddom, hvis det bliver født sundt.
- **Okkulte præstinder** rører livmoderen under graviditeten.
- **Pagtsnavne** givet af familien — ubevidst til ære for marine dronninger eller ånder.
- **Fødselsritualer** udført med flodvand, amuletter eller urter fra helligdomme.
- **Navlestrengsbegravelse** med besværgelser.
- **Graviditet i okkulte miljøer** (f.eks. frimurerloger, new age-centre, polygame kulter).

Nogle børn fødes allerede som slaver. Derfor skriger de voldsomt ved fødslen – deres ånd fornemmer mørke.
Virkelig historie – "Min baby tilhørte floden"
Jessica fra Sierra Leone havde forsøgt at blive gravid i 5 år. Endelig blev hun gravid, efter at en "profet" havde givet hende en sæbe at bade med og en olie at gnide ind i hendes livmoder. Babyen blev født stærk — men da hun var 3 måneder gammel, begyndte den at græde uafbrudt, altid om natten. Han hadede vand, skreg under bade og rystede ukontrolleret, når han blev bragt i nærheden af floden.

En dag fik hendes søn krampe og døde i 4 minutter. Han kom til live igen – og **begyndte at tale med fulde ord som 9-årig** : "Jeg hører ikke hjemme her. Jeg tilhører dronningen."

Skrækslagen søgte Jessica befrielse. Barnet blev først løsladt efter 14 dages faste og bønner om afsavn – hendes mand måtte ødelægge et familiebillede gemt i hans landsby, før pinslen stoppede.

Babyer fødes ikke tomme. De fødes ind i kampe, som vi må kæmpe på deres vegne.

GLOBALE PARALLELLER

- **Afrika** – Flodaltre, Mami Wata- indvielser, moderkageritualer.
- **Asien** – Vandånder påkaldt under buddhistiske eller animistiske fødsler.
- **Europa** – Druidiske jordemoderpagter, forfædres vandritualer, frimureriske indvielser.
- **Latinamerika** – Santeria-navngivning, floders ånder (f.eks. Oshun), fødsel under astrologiske diagrammer.
- **Nordamerika** – New age-fødselsritualer, hypnofødsel med åndelige vejledere, "velsignelsesceremonier" af medier.

Tegn på livmoderinitieret bondage

- Gentagne abortmønstre på tværs af generationer
- Natteskræk hos spædbørn og børn
- Uforklarlig infertilitet trods lægeerklæring
- Konstante drømme om vandet (have, oversvømmelser, svømning, havfruer)
- Irrationel frygt for vand eller drukning
- Følelse af at blive "hævet" - som om noget holder øje med dig fra fødslen

---

Handlingsplan — Bryd Livmoderpagten

1. **Bed Helligånden** om at åbenbare, om du (eller dit barn) blev indviet gennem livmoderritualer.
2. **Afsværg** enhver pagt indgået under graviditeten – bevidst eller ubevidst.
3. **Bed over din egen fødselsberetning** – selvom din mor ikke er tilgængelig, så tal som den juridiske åndelige portvogter af dit liv.
4. **Faste med Esajas 49 og Salme 139** – for at generobre din guddommelige plan.

5. **Hvis du er gravid** : Smør din mave og tal dagligt om dit ufødte barn:

"I er sat til side for Herren. Ingen vandånd, blodånd eller mørkeånd skal besidde jer. I tilhører Jesus Kristus – krop, sjæl og ånd."

Gruppeansøgning

- Bed deltagerne om at skrive ned, hvad de ved om deres fødselshistorie – herunder ritualer, jordemødre eller navngivningsbegivenheder.
- Opmuntr forældre til at indvie deres børn på ny i en "Kristuscentreret Navngivnings- og Pagtstjeneste".
- Led bønner, der bryder vandpagter ved hjælp af *Esajas 28:18*, *Kolossenserbrevet 2:14* og *Åbenbaringen 12:11*.

Vigtig indsigt

Livmoderen er en port – og det, der går igennem den, kommer ofte med åndelig bagage. Men intet livmoderalter er større end korset.

Refleksionsjournal

- Var der nogen genstande, olier, amuletter eller navne involveret i min undfangelse eller fødsel?
- Oplever jeg åndelige angreb, der begyndte i barndommen?
- Har jeg ubevidst givet maritime pagter videre til mine børn?

Bøn om frigørelse

Himmelske Fader, du kendte mig, før jeg blev dannet. I dag bryder jeg enhver skjult pagt, vandritual og dæmonisk indvielse, der blev udført ved eller før min fødsel. Jeg afviser ethvert krav om marineånder, familiære ånder eller generationsskifte-altre. Lad Jesu blod omskrive min fødselshistorie og mine børns historie. Jeg er født af Ånden - ikke af vandaltre. I Jesu navn. Amen.

DAG 39: VANDDØBT I TRÆNDSKAB — HVORDAN SPÆDBØRN, INITIALER OG USYNLIGE PAGT ÅBNER DØRE

"De udgød uskyldigt blod, blodet af deres sønner og døtre, som de ofrede til Kana'ans afguder, og landet blev vanhelliget ved deres blod." — Salme 106:38

"Kan man tage bytte fra krigere, eller redde fanger fra de vilde?" Men dette er, hvad Herren siger: "Ja, fanger skal tages fra krigere, og bytte skal hentes fra de vilde..." — Esajas 49:24-25

Mange skæbner blev ikke bare **afsporet i voksenalderen** – de blev **kapret i spædbarnsalderen**.

Den tilsyneladende uskyldige navngivningsceremoni...

Den tilfældige dukkert i flodvand "for at velsigne barnet"...

Mønten i hånden... Såret under tungen... Olien fra en "åndelig bedstemor"... Selv initialerne givet ved fødslen...

De kan alle virke kulturelle. Traditionelle. Harmløse.

Men mørkets rige **gemmer sig i traditionen**, og mange børn er blevet **hemmeligt indviet,** før de nogensinde kunne sige "Jesus".

Den virkelige historie – "Jeg blev navngivet af floden"

I Haiti voksede en dreng ved navn Malick op med en mærkelig frygt for floder og storme. Som lille barn blev han taget af sin bedstemor til en bæk for at blive "introduceret til ånderne" for at få beskyttelse. Han begyndte at høre stemmer i en alder af 7. Som 10-årig havde han nattebesøg. Som 14-årig forsøgte han selvmord efter at have følt en "tilstedeværelse" altid ved sin side.

Ved et befrielsesmøde manifesterede dæmonerne voldsomt og skreg: "Vi kom ind til floden! Vi blev kaldt ved navn!" Hans navn, "Malick", havde været en del af en åndelig navngivningstradition for at "ære floddronningen". Indtil han blev omdøbt i Kristus, fortsatte pinslen. Han tjener nu i befrielse blandt unge fanget i forfædres dedikationer.

Hvordan det sker — De skjulte fælder

1. **Initialer som pagter**
   Nogle initialer, især dem, der er knyttet til forfædres navne, familieguder eller vandguddomme (f.eks. "MM" = Mami/Marine; "OL" = Oya/Orisha-slægt), fungerer som dæmoniske signaturer.
2. **Spædbørnsdypning i floder/vandløb.**
   Udført "for beskyttelse" eller "renselse", er disse ofte **dåb ind i havånder** .
3. **Hemmelige navngivningsceremonier,**
   hvor et andet navn (forskelligt fra det offentlige) hviskes eller siges foran et alter eller en helligdom.
4. **Fødselsmærkeritualer.**
   Olie, aske eller blod påføres panden eller lemmerne for at "mærke" et barn for ånder.
5. **Vandfodrede navlestrengsbegravelser**
   Navlestrenge kastes i floder, vandløb eller begraves med vandbesværgelser - hvorved barnet bindes til vandaltre.

Hvis dine forældre ikke indgik en pagt med dig til Kristus, er der stor sandsynlighed for, at en anden har gjort krav på dig.

Globale okkulte livmoderbindingspraksisser

- **Afrika** – Opkalder babyer efter flodguddomme og begraver snore nær havaltre.
- **Caribien/Latinamerika** – Santeria-dåbsritualer, yoruba-stil indvielser med urter og flodgenstande.
- **Asien** – Hinduistiske ritualer, der involverer Ganges-vand, astrologisk beregnet navngivning knyttet til elementære ånder.
- **Europa** – Druidiske eller esoteriske navngivningstraditioner, der påkalder skov-/vandvogtere.
- **Nordamerika** – Indfødte ritualer til indvielser, moderne Wicca-

babyvelsignelser, navngivningsceremonier i New Age, der påkalder "gamle guider".

Hvordan ved jeg det?

- Uforklarlige tidlige barndomspiner, sygdomme eller "imaginære venner"
- Drømme om floder, havfruer, at blive jagtet af vand
- Modvilje mod kirker, men fascination af mystiske ting
- En dyb følelse af at blive "fulgt" eller overvåget fra fødslen
- Opdagelse af et andet navn eller en ukendt ceremoni knyttet til din barndom

Handlingsplan – Forløs spædbarnet

1. **Spørg Helligånden** : Hvad skete der, da jeg blev født? Hvilke åndelige hænder rørte ved mig?
2. **Giv afkald på alle skjulte dedikationer** , selvom de er gjort i uvidenhed: "Jeg afviser enhver pagt indgået på mine vegne, som ikke var med Herren Jesus Kristus."
3. **Bryd båndene til forfædres navne, initialer og tokens** .
4. **Brug Esajas 49:24-26, Kolossenserbrevet 2:14 og 2 Korintherbrev 5:17** til at erklære identitet i Kristus.
5. Hvis det er nødvendigt, **afhold en genindvielsesceremoni** — præsenter dig selv (eller dine børn) for Gud på ny, og erklær nye navne, hvis det bliver ledt.

GRUPPEANSØGNING

- Bed deltagerne om at undersøge historien bag deres navne.
- Skab plads til åndelig navngivning, hvis det bliver ledt – giv folk mulighed for at gøre krav på navne som "David", "Ester" eller åndeligt ledede identiteter.

- Led gruppen i en symbolsk *gendåb* af indvielse – ikke vanddåb, men salvelse og en ordbaseret pagt med Kristus.
- Lad forældre bryde pagter over deres børn i bøn: "I tilhører Jesus - ingen ånd, flod eller slægtsbånd har noget juridisk grundlag."

Vigtig indsigt
Din begyndelse betyder noget. Men den behøver ikke at definere din slutning. Ethvert krav om en flod kan brydes af floden af Jesu blod.

Refleksionsjournal

- Hvilke navne eller initialer fik jeg, og hvad betyder de?
- Var der hemmelige eller kulturelle ritualer udført ved min fødsel, som jeg skal give afkald på?
- Har jeg virkelig viet mit liv – min krop, sjæl, navn og identitet – til Herren Jesus Kristus?

Bøn om forløsning
Fader Gud, jeg kommer for Dig i Jesu navn. Jeg afsværger enhver pagt, indvielse og ritual udført ved min fødsel. Jeg afviser enhver navngivning, vandinitiation og forfædres krav. Hvad enten det er gennem initialer, navngivning eller skjulte altre - jeg annullerer enhver dæmonisk ret til mit liv. Jeg erklærer nu, at jeg fuldt ud er Din. Mit navn er skrevet i Livets Bog. Min fortid er dækket af Jesu blod, og min identitet er beseglet af Helligånden. Amen.

DAG 40: FRA BEFREDER TIL BEFREDER — DIN SMERTE ER DIN ORDINATION

"**M**en det folk, der kender deres Gud, skal være stærkt og udføre bedrifter." - Daniel 11:32
"Da oprejste Herren dommere, som frelste dem fra disse røveres hænder." - Dommerne 2:16

Du blev ikke udfriet for at sidde stille i kirken.

Du blev ikke sat fri bare for at overleve. Du blev udfriet **for at udfri andre**.

Den samme Jesus, som helbredte den dæmonbesatte i Markus 5, sendte ham tilbage til Dekapolis for at fortælle historien. Ingen præsteseminarie. Ingen ordination. Bare et **brændende vidnesbyrd** og en mund sat i brand.

Du er den mand. Den kvinde. Den familie. Den nation.

Den smerte, du har udholdt, er nu dit våben.

Den pine, du undslap, er din trompet. Det, der holdt dig i mørke, bliver nu **scenen for dit herredømme.**

Den sande historie – Fra marinebrud til befrielsesminister

Rebecca fra Cameroun var en tidligere brud med en havånd. Hun blev indviet i en alder af 8 år under en navngivningsceremoni ved kysten. Som 16-årig havde hun sex i drømme, kontrollerede mænd med sine øjne og havde forårsaget flere skilsmisser gennem trolddom. Hun var kendt som "den smukke forbandelse".

Da hun mødte evangeliet på universitetet, gik hendes dæmoner amok. Det tog seks måneder med faste, befrielse og dyb discipelskab, før hun var fri.

I dag afholder hun befrielseskonferencer for kvinder over hele Afrika. Tusindvis er blevet befriet gennem hendes lydighed.

Hvad hvis hun havde forholdt sig tavs?

Apostolsk opstigning — Globale befriere bliver født

- **I Afrika** planter tidligere heksedoktorer nu kirker.
- **I Asien** prædiker tidligere buddhister Kristus i hemmelige huse.
- **I Latinamerika** nedbryder tidligere Santeria-præster nu altre.
- **I Europa** leder eks-okkultister online udlæggende bibelstudier.
- **I Nordamerika** leder overlevende fra new age-bedrag ugentlige Zoom-møder om befrielse.

De er **de usandsynlige**, de knuste, mørkets tidligere slaver, der nu marcherer i lyset - og **du er en af dem**.

Endelig handlingsplan – Gå ind i dit opkald

1. **Skriv dit vidnesbyrd** – selvom du synes, det ikke er dramatisk. Nogen har brug for din frihedshistorie.
2. **Start småt** – Bed for en ven. Arranger et bibelstudie. Del din befrielsesproces.
3. **Hold aldrig op med at lære** — Befriere bliver i Ordet, forbliver angerfulde og forbliver skarpe.
4. **Dæk din familie** – Erklær dagligt, at mørket stopper med dig og dine børn.
5. **Erklær spirituelle krigszoner** — din arbejdsplads, dit hjem, din gade. Vær portvogter.

Gruppeopsætning

I dag er det ikke bare en andagt – det er en **indvielsesceremoni**.

- Salv hinandens hoveder med olie og sig:

"Du er frelst for at frelse. Rejs dig, Guds dommer."

- Sig højt som gruppe:

"Vi er ikke længere overlevende. Vi er krigere. Vi bærer lys, og mørket bæver."

- Udpeg bønnepar eller ansvarlighedspartnere for at fortsætte med at vokse i mod og indflydelse.

Vigtig indsigt
Den største hævn mod mørkets rige er ikke blot frihed.
Det er multiplikation.

Slutrefleksionsjournal

- Hvad var det øjeblik, jeg vidste, at jeg var gået fra mørke til lys?
- Hvem har brug for at høre min historie?
- Hvor kan jeg begynde at bevidst lyse op i denne uge?
- Er jeg villig til at blive hånet, misforstået og modstået – for at sætte andre fri?

Bøn om idriftsættelse
Fader Gud, jeg takker dig for 40 dage med ild, frihed og sandhed. Du frelste mig ikke bare for at beskytte mig selv - du udfriede mig for at udfri andre. I dag modtager jeg denne kappe. Mit vidnesbyrd er et sværd. Mine ar er våben. Mine bønner er hamre. Min lydighed er tilbedelse. Jeg vandrer nu i Jesu navn - som en ildstarter, en befrier, en lysbærer. Jeg er din. Mørket har ingen plads i mig og ingen plads omkring mig. Jeg tager min plads. I Jesu navn. Amen.

360° DAGLIG ERKLÆRING OM BEFRIELSE OG HERREGÆLD – Del 1

"Intet våben, der smedes imod dig, skal have held, og enhver tunge, der rejser sig imod dig til doms, skal du fordømme. Dette er Herrens tjeneres arv..." — Esajas 54:17

I dag og hver dag tager jeg min fulde plads i Kristus – i ånd, sjæl og legeme.

Jeg lukker enhver dør – kendt og ukendt – til mørkets rige.

Jeg bryder al kontakt, kontrakt, pagt eller fællesskab med onde altre, forfædres ånder, åndelige ægtefæller, okkulte selskaber, hekseri og dæmoniske alliancer - ved Jesu blod!

Jeg erklærer, at jeg ikke er til salg. Jeg er ikke tilgængelig. Jeg kan ikke rekrutteres. Jeg er ikke genindviet.

Enhver satanisk tilkaldelse, åndelig overvågning eller ond påkaldelse – bliv spredt med ild, i Jesu navn!

Jeg binder mig til Kristi sind, Faderens vilje og Helligåndens stemme.

Jeg vandrer i lys, i sandhed, i kraft, i renhed og i hensigt.

Jeg lukker ethvert tredje øje, psykisk port og uhellig portal, der åbnes gennem drømme, traumer, sex, ritualer, medier eller falsk lærdom.

Lad Guds ild fortære enhver ulovlig indbetaling i min sjæl, i Jesu navn.

Jeg taler til luften, landet, havet, stjernerne og himlen – I skal ikke arbejde imod mig.

Ethvert skjult alter, agent, vogter eller hviskende dæmon, der er tildelt mod mit liv, min familie, mit kald eller mit territorium – bliv afvæbnet og tavs ved Jesu blod!

Jeg gennemvæder mit sind i Guds ord.

Jeg erklærer, at mine drømme er hellige. Mine tanker er beskyttet. Min søvn er hellig. Min krop er et ildtempel.

Fra dette øjeblik og fremefter vandrer jeg i 360-graders befrielse – intet skjult, intet overset.

Enhver vedvarende lænkelse brydes. Hvert generationsåg splintres. Enhver uomvendt synd afsløres og renses.

Jeg erklærer:

- **Mørket har intet herredømme over mig.**
- **Mit hjem er en brandzone.**
- **Mine porte er forseglet i herlighed.**
- **Jeg lever i lydighed og vandrer i kraft.**

Jeg opstår som en befrier for min generation.

Jeg vil ikke se mig tilbage. Jeg vil ikke vende tilbage. Jeg er lys. Jeg er ild. Jeg er fri. I Jesu mægtige navn. Amen!

360° DAGLIG ERKLÆRING OM BEFRIELSE OG HERREGÆLD – Del 2

Beskyttelse mod hekseri, trolddom, nekromanter, medier og dæmoniske kanaler
Befrielse for dig selv og andre under deres indflydelse eller trældom
Rensning og tildækning gennem Jesu blod
Genoprettelse af sundhed, identitet og frihed i Kristus
Beskyttelse og frihed fra hekseri, medier, nekromanter og åndelig trældom
(gennem Jesu blod og vores vidnesbyrdsord)
"Og de overvandt ham ved Lammets blod og ved deres vidnesbyrds ord ..."
— *Åbenbaringen 12:11*
"Herren ... forpurrer falske profeters tegn og gør spåmænd til narrer ... stadfæster sin tjeners ord og opfylder sine sendebuds råd."
- *Esajas 44:25-26*
"Herrens Ånd er over mig ... for at udråbe frigivelse for fanger og løsladelse for bundne ..."
- *Lukas 4:18*

ÅBNINGSBØN:
Fader Gud, jeg kommer frimodigt i dag ved Jesu blod. Jeg anerkender kraften i dit navn og erklærer, at du alene er min befrier og forsvarer. Jeg står som din tjener og vidne, og jeg forkynder dit ord med frimodighed og autoritet i dag.

ERKLÆRINGER OM BESKYTTELSE OG BEFRIELSE
1. **Befrielse fra hekseri, medier, nekromanter og åndelig indflydelse:**

- Jeg **bryder og afsværger** enhver forbandelse, besværgelse, spådomskunst, fortryllelse, manipulation, overvågning, astral projektion eller sjælebånd – udtalt eller udført – gennem hekseri, nekromanti, medier eller spirituelle kanaler.
- Jeg **erklærer**, at **Jesu blod** er imod enhver uren ånd, der søger at binde, distrahere, bedrage eller manipulere mig eller min familie.
- Jeg befaler, at **al åndelig indblanding, besættelse, undertrykkelse eller sjæletrældom** skal brydes nu af autoriteten i Jesu Kristi navn.
- Jeg taler om **befrielse for mig selv og for enhver person, der bevidst eller ubevidst er under indflydelse af hekseri eller falsk lys**. Kom ud nu! Vær fri, i Jesu navn!
- Jeg påkalder Guds ild til at **brænde ethvert åndeligt åg, enhver satanisk kontrakt og ethvert alter,** der er rejst i ånden for at slavebinde eller fange vores skæbner.

"Der er ingen tryllekunst mod Jakob, ingen spådomskunst mod Israel."
- *4 Mosebog 23:23*

2. Rensning og beskyttelse af sig selv, børn og familie:

- Jeg bønfalder Jesu blod over mit **sind, sjæl, ånd, krop, følelser, familie, børn og arbejde.**
- Jeg erklærer: Jeg og mit hus er **beseglet af Helligånden og skjult med Kristus i Gud.**
- Intet våben, der smedes imod os, skal have fremgang. Hver tunge, der taler ondt imod os, skal **dømmes og bringes til tavshed** i Jesu navn.
- Jeg afsværger og fordriver enhver **ånd af frygt, pinsel, forvirring, forførelse eller kontrol**.

"Jeg er Herren, som tilintetgør løgnernes tegn ..." — *Esajas 44:25*

3. Genoprettelse af identitet, formål og et sundt sind:

- Jeg generobrer enhver del af min sjæl og identitet, der blev **handlet, fanget eller stjålet** gennem bedrag eller åndeligt kompromis.
- Jeg erklærer: Jeg har **Kristi sind**, og jeg vandrer i klarhed, visdom og

autoritet.
- Jeg erklærer: Jeg er **befriet fra enhver generationsforbandelse og husmagi**, og jeg vandrer i pagt med Herren.

"Gud har ikke givet mig frygtens ånd, men kraftens, kærlighedens og et sindigt sind." - *2 Timoteus 1:7*

4. Daglig beskyttelse og sejr i Kristus:

- Jeg erklærer: I dag vandrer jeg i guddommelig **beskyttelse, dømmekraft og fred**.
- Jesu blod taler **bedre ting** for mig – beskyttelse, helbredelse, autoritet og frihed.
- Enhver ond opgave, der er sat for denne dag, er omstødt. Jeg vandrer i sejr og triumf i Kristus Jesus.

"Tusind falder ved min side og titusind ved min højre hånd, men de kommer mig ikke i nærheden..." - *Salme 91:7*

ENDELIG ERKLÆRING OG VIDNESBYRD:

"Jeg overvinder enhver form for mørke, hekseri, nekromanti, trolddom, psykisk manipulation, sjælemanipulation og ond åndelig overførsel – ikke ved min styrke, men **ved Jesu blod og mit vidnesbyrds Ord**."

"Jeg erklærer: **Jeg er befriet. Min husstand er befriet.** Hvert skjult åg er brudt. Hver fælde er afsløret. Hvert falsk lys er slukket. Jeg vandrer i frihed. Jeg vandrer i sandhed. Jeg vandrer i Helligåndens kraft."

"Herren stadfæster sin tjeners ord og fuldbyrder sit sendebuds råd. Således skal det være i dag og alle dage fremover."

I Jesu mægtige navn, **Amen.**

SKRIFTSTEDER:

- Esajas 44:24-26
- Åbenbaringen 12:11
- Esajas 54:17
- Salme 91
- 4 Mosebog 23:23
- Lukas 4:18

- Efeserbrevet 6:10–18
- Kolossenserbrevet 3:3
- 2 Timoteus 1:7

360° DAGLIG ERKLÆRING OM BEFRIELSE OG HERREGØRELSE - Del 3

"Herren er en krigsmand; Herren er hans navn." - 2. Mosebog 15:3
"De overvandt ham ved Lammets blod og ved deres vidnesbyrds ord..." - Åbenbaringen 12:11

I dag opstår jeg og tager min plads i Kristus – sidder i himmelen, langt over alle fyrstedømmer, magter, troner, herredømmer og ethvert navn, der nævnes.

JEG GIVER AFKAST

Jeg giver afkald på enhver kendt og ukendt pagt, ed eller indvielse:

- Frimureriet (1. til 33. grad)
- Kabbala og jødisk mystik
- Øststjerne og rosenkreuzerne
- Jesuitordener og Illuminati
- Sataniske broderskaber og luciferianske sekter
- Marine ånder og undersøiske pagter
- Kundalini-slanger, chakrajusteringer og aktiveringer af det tredje øje
- New Age-bedrag, Reiki, kristen yoga og astralrejser
- Hekseri, trolddom, nekromanti og astrale kontrakter
- Okkulte sjælebånd fra sex, ritualer og hemmelige pagter
- Frimurereder over min blodslinje og forfædres præsteskab

Jeg klipper enhver åndelig navlestreng over til:

- Gamle blodaltre
- Falsk profetisk ild
- Åndelige ægtefæller og drømmeindtrængere
- Hellig geometri, lyskoder og universelle lovdoktriner
- Falske kristuser, familiære ånder og forfalskede hellige ånder

Lad Jesu blod tale på mine vegne. Lad enhver kontrakt blive revet. Lad ethvert alter blive knust. Lad enhver dæmonisk identitet blive slettet – nu!

JEG ERKLÆRER
Jeg erklærer:

- Min krop er et levende tempel for Helligånden.
- Mit sind er beskyttet af frelsens hjelm.
- Min sjæl helliggøres dagligt ved Ordets vasken.
- Mit blod er renset af Golgata.
- Mine drømme er forseglet i lys.
- Mit navn er skrevet i Lammets Livets Bog – ikke i noget okkult register, loge, logbog, skriftrulle eller segl!

JEG BEFALER
Jeg befaler:

- Enhver mørkets agent — iagttagere, overvågere, astrale projektorer — skal blive blindet og spredt.
- Ethvert bånd til underverdenen, havverdenen og astralplanet – bliv brudt!
- Ethvert mørkt mærke, implantat, rituelt sår eller åndelig brændemærkning – skal renses med ild!
- Enhver velkendt ånd, der hvisker løgne – bliv tavs nu!

JEG FRAKOBLER
Jeg trækker mig fra:

- Alle dæmoniske tidslinjer, sjælefængsler og åndebure
- Alle ranglister og grader i hemmelige selskaber
- Alle falske kapper, troner eller kroner jeg har båret
- Enhver identitet, der ikke er skabt af Gud
- Enhver alliance, venskab eller forhold, der er styrket af mørke systemer

JEG ETABLERER

Jeg fastslår:

- En brandmur af herlighed omkring mig og min husstand
- Hellige engle ved hver port, portal, vindue og sti
- Renhed i mine medier, musik, minder og sind
- Sandhed i mine venskaber, min tjeneste, mit ægteskab og min mission
- Ubrudt fællesskab med Helligånden

JEG INDSENDER
Jeg underkaster mig helt Jesus Kristus –
Lammet, der blev slagtet, Kongen , der hersker , Løven, der brøler.
Jeg vælger lys. Jeg vælger sandhed. Jeg vælger lydighed.
Jeg tilhører ikke denne verdens mørke riger.
Jeg tilhører vor Guds og hans Kristi rige.
JEG ADVARER FIENDEN
Med denne erklæring sender jeg meddelelse til:

- Ethvert højtstående fyrstedømme
- Enhver herskende ånd over byer, blodslinjer og nationer
- Enhver astral rejsende, heks, troldmand eller falden stjerne …

Jeg er urørlig ejendom.
Mit navn findes ikke i dine arkiver. Min sjæl er ikke til salg. Mine drømme er under kommando. Min krop er ikke dit tempel. Min fremtid er ikke din legeplads. Jeg vil ikke vende tilbage til trældom. Jeg vil ikke gentage forfædres cyklusser. Jeg vil ikke bære fremmed ild. Jeg vil ikke være et hvilested for slanger.

JEG FORSEGLER
Jeg besegler denne erklæring med:

- Jesu blod
- Helligåndens ild
- Ordets autoritet

- Kristi legemes enhed
- Lyden af mit vidnesbyrd

I Jesu navn, Amen og Amen

KONKLUSION: FRA OVERLEVELSE TIL SØNNEKAP — AT FORBLIVE FRI, LEVE FRI, SÆTTE ANDRE FRI

"Stå derfor fast i den frihed, hvormed Kristus har frigjort os, og lad jer ikke atter vikle under trældommens åg." - Galaterbrevet 5:1

"Han førte dem ud af mørke og dødens skygge og sønderbrød deres lænker." - Salme 107:14

Disse 40 dage handlede aldrig kun om viden. De handlede om **krigsførelse**, **opvågnen** og **at vandre i herredømme**.

Du har set, hvordan det mørke rige fungerer – subtilt, generationsvis, nogle gange åbent. Du har rejst gennem forfædrenes porte, drømmeriger, okkulte pagter, globale ritualer og åndelig pine. Du har mødt vidnesbyrd om ufattelig smerte – men også **radikal befrielse**. Du har brudt altre, forsømt løgne og konfronteret ting, som mange prædikestole er for bange for at nævne.

MEN DETTE ER IKKE SLUT.

Nu begynder den virkelige rejse: **Bevar din frihed. Lev i Ånden. Lær andre vejen ud.**

Det er nemt at gå igennem 40 dage i ild og vende tilbage til Egypten. Det er nemt at rive altre ned for blot at genopbygge dem i ensomhed, begær eller åndelig træthed.

Lad være.

Du er ikke længere **slave af cyklusser**. Du er en **vægter** på muren. En **portvogter** for din familie. En **kriger** for din by. En **stemme** til nationerne.

7 SIDSTE ANKLAGELSER TIL DEM, DER VIL VANDRE I HERREDØMME

1. **Bevogt dine porte.**
   Åbn ikke åndelige døre igen gennem kompromis, oprør, forhold eller

nysgerrighed.
"Giv Djævelen ingen plads." - Efeserbrevet 4:27

2. **Disciplinér din appetit.**
   Faste bør være en del af din månedlige rytme. Det retter sjælen op og holder dit kød underdanigt.

3. **Forpligt dig til renhed.**
   Følelsesmæssigt, seksuelt, verbalt, visuelt. Urenhed er den port, dæmoner bruger, når de skal kravle tilbage ind.

4. **At mestre Ordet**
   Skriften er ikke valgfri. Det er dit sværd, skjold og daglige brød. *"Lad Kristi ord bo rigeligt i jer..."* (Kol. 3:16)

5. **Find din stamme.**
   Befrielse var aldrig meningen, at man skulle gå alene. Byg, tjen og helbred i et åndsfyldt fællesskab.

6. **Omfavn lidelse.**
   Ja – lidelse. Ikke al pine er dæmonisk. Noget er helliggørende. Gå igennem den. Herlighed venter forude.
   "Efter at I har lidt en kort tid ... vil han styrke, grundfæste og stadfæste jer." – 1 Peter 5:10

7. **Lær andre**
   det, du har modtaget frit – giv nu frit. Hjælp andre med at blive frie. Start med dit hjem, din kreds, din kirke.

FRA OVERGIVET TIL DISCIPEL

Denne andagt er et globalt råb – ikke kun om helbredelse, men om at en hær skal rejse sig.

Det er **tid til hyrder**, der kan lugte krig.

Det er **tid til profeter**, der ikke viger tilbage for slanger.

Det er **tid til mødre og fædre**, der bryder generationspagter og bygger sandhedens altre.

Det er **tid til, at nationer** advares, og at Kirken ikke længere tier.

DU ER FORSKELLEN

Hvor du går hen herfra betyder noget. Hvad du bærer, betyder noget. Det mørke, du blev trukket fra, er netop det territorium, du nu har autoritet over.

Befrielse var din fødselsret. Herredømme er din kappe. Gå nu i den.

SIDENDE BØN

Herre Jesus, tak fordi du har vandret med mig i disse 40 dage. Tak fordi du har afsløret mørket, brudt lænkerne og kaldet mig til et højere sted. Jeg nægter at vende tilbage. Jeg bryder enhver aftale med frygt, tvivl og fiasko. Jeg modtager min opgave i riget med frimodighed. Brug mig til at sætte andre fri. Fyld mig med Helligånden dagligt. Lad mit liv blive et lysets våben - i min familie, i min nation, i Kristi legeme. Jeg vil ikke tie stille. Jeg vil ikke blive besejret. Jeg vil ikke give op. Jeg går fra mørke til herredømme. For evigt. I Jesu navn. Amen.

Hvordan man bliver født på ny og starter et nyt liv med Kristus

Måske har du vandret med Jesus før, eller måske har du lige mødt ham i løbet af disse 40 dage. Men lige nu rører noget sig indeni dig.

Du er klar til mere end religion.

Du er klar til **et forhold**.

Du er klar til at sige: "Jesus, jeg har brug for dig."

Her er sandheden:

"For alle har syndet, og vi mangler alle Guds herlighed ... men Gud retfærdiggør os i sin nåde."

- Romerne 3:23-24 (NLT)

Du kan ikke fortjene frelse.

Du kan ikke reparere dig selv. Men Jesus har allerede betalt den fulde pris – og han venter på at byde dig velkommen hjem.

Hvordan man bliver født på ny

AT BLIVE FØDT PÅ NY betyder at overgive dit liv til Jesus – at acceptere hans tilgivelse, tro på, at han døde og opstod igen, og modtage ham som din Herre og Frelser.

Det er enkelt. Det er kraftfuldt. Det ændrer alt.

Bed højt om dette:

"HERRE JESUS, JEG TROR, du er Guds søn.

  Jeg tror, du døde for mine synder og opstod igen.

  Jeg bekender, at jeg har syndet, og at jeg har brug for din tilgivelse.

  I dag omvender jeg mig og vender mig bort fra mine gamle veje.

  Jeg inviterer dig ind i mit liv for at være min Herre og Frelser.

  Vask mig ren. Fyld mig med din Ånd.

**Jeg erklærer, at jeg er født på ny, tilgivet og fri.
Fra denne dag af vil jeg følge dig -
og jeg vil leve i dine fodspor.
Tak fordi du frelste mig. I Jesu navn, amen."**

Næste skridt efter frelse

1. **Fortæl det til nogen** – Del din beslutning med en troende, du stoler på.
2. **Find en bibelbaseret kirke** – Bliv en del af et fællesskab, der underviser i Guds ord og lever det ud. Besøg God's Eagle ministries online via https://www.otakada.org [1] eller https://chat.whatsapp.com/H67spSun32DDTma8TLh0ov
3. **Bliv døbt** – Tag det næste skridt for at erklære din tro offentligt.
4. **Læs Bibelen dagligt** – Start med Johannesevangeliet.
5. **Bed hver dag** – Tal med Gud som en ven og Fader.
6. **Hold kontakten** – Omgiv dig med mennesker, der opmuntrer dig til din nye gåtur.
7. **Start en discipelskabsproces i fællesskabet** – Udvikl et-til-et-forhold med Jesus Kristus via disse links

40-dages discipelskab 1 - https://www.otakada.org/get-free-40-days-online-discipleship-course-in-a-journey-with-jesus/

40 Discipelskab 2 - https://www.otakada.org/get-free-40-days-dna-of-discipleship-journey-with-jesus-series-2/

---

1. https://www.otakada.org

Mit frelsesøjeblik

Dato: _____
Underskrift: _____

"*Den, der er i Kristus, er en ny skabning; det gamle er forbi, det nye er kommet!*"
 - 2 Korintherbrev 5:17

Certifikat for nyt liv i Kristus

Frelseserklæring – Født på ny af nåde

D ette bekræfter, at

_____

(FULDE NAVN)
 har offentligt erklæret **tro på Jesus Kristus**
som Herre og Frelser og har modtaget frelsens gratis gave gennem hans død og opstandelse.
 "Hvis du åbent bekendelser Jesus som Herre og i dit hjerte tror, at Gud har oprejst ham fra de døde, skal du blive frelst."
 - Romerbrevet 10:9 (NLT)
 På denne dag fryder himlen sig, og en ny rejse begynder.

Afgørelsesdato : _____

Underskrift : _____

Frelseserklæringen

"I DAG OVERGIVER JEG mit liv til Jesus Kristus.
 Jeg tror, at han døde for mine synder og opstod igen. Jeg modtager ham som min Herre og Frelser. Jeg er tilgivet, født på ny og gjort fornyet. Fra dette øjeblik og fremefter vil jeg vandre i hans fodspor."

Velkommen til Guds Familie!

DIT NAVN ER SKREVET i Lammets Livets Bog.
 Din historie er lige begyndt – og den er evig.

FORBIND DIG MED GUDS EAGLE MINISTRIES

- Hjemmeside: www.otakada.org[1]
- Rigdom hinsides bekymring-serien: www.wealthbeyondworryseries.com[2]
- E-mail: ambassador@otakada.org

- **Støt dette arbejde:**

Støt rigets projekter, missioner og gratis globale ressourcer gennem pagtsledede gaver.
Scan QR-koden for at donere
https://tithe.ly/give?c=308311
Din generøsitet hjælper os med at nå ud til flere sjæle, oversætte ressourcer, støtte missionærer og opbygge discipelskabssystemer globalt. Tak!

---

1. https://www.otakada.org
2. https://www.wealthbeyondworryseries.com

3. BLIV EN DEL AF VORES WhatsApp-pagtfællesskab

Modtag opdateringer, andagtsindhold og få kontakt med pagtsbevidste troende verden over.

Scan for at tilmelde dig
https://chat.whatsapp.com/H67spSun32DDTma8TLh0ov

ANBEFALEDE BØGER OG RESSOURCER

- *Befriet fra mørkets magt* (**Paperback**) — Køb her [1] | E-bog [2] på Amazon [3]

- **Topanmeldelser fra USA:**
    - **Kindle-kunde** : "Den bedste kristne bog nogensinde!" (5 stjerner)

---

1. https://shop.ingramspark.com/b/084?params=oeYbAkVTC5ao8PfdVdzwko7wi6IQimgJY2779NaqG4e
2. https://www.amazon.com/Delivered-Power-Darkness-AFRICAN-DELIVERED-ebook/dp/B0CC5MM4MV
3. https://www.amazon.com/Delivered-Power-Darkness-AFRICAN-DELIVERED-ebook/dp/B0CC5MM4MV

PRIS JESUS FOR DETTE vidnesbyrd. Jeg er blevet så velsignet og vil anbefale alle at læse denne bog... For syndens løn er døden, men Guds gave er evigt liv. Shalom! Shalom!

- **Da Gster** : "Dette er en meget interessant og temmelig mærkelig bog." (5 stjerner)

Hvis det, der står i bogen, er sandt, så er vi virkelig langt bagud i forhold til, hvad fjenden er i stand til at gøre! ... Et must for alle, der ønsker at lære om åndelig krigsførelse.

- **Visa** : "Elsker denne bog" (5 stjerner)

Det her er en øjenåbner ... en sand tilståelse ... Jeg har på det seneste ledt efter den overalt for at købe den. Så glad for at have fundet den fra Amazon.

- **FrankJM** : "Helt anderledes" (4 stjerner)

Denne bog minder mig om, hvor ægte åndelig krigsførelse er. Den minder mig også om grunden til at iføre mig "Guds fulde rustning".

- **JenJen** : "Alle, der ønsker at komme i himlen - læs dette!" (5 stjerner)

Denne bog ændrede mit liv så meget. Sammen med John Ramirez' vidnesbyrd vil den få dig til at se på din tro med andre øjne. Jeg har læst den 6 gange!

- *Eks-satanist: James Exchange* (Paperback) — Køb her [4]| E-bog [5]på Amazon[6]

---

4. https://shop.ingramspark.com/b/
   084?params=I2HNGtbqJRbal8OxU3RMTApQsLLxcUCTC8zUdzDy0W1

5. https://www.amazon.com/JAMESES-Exchange-Testimony-High-Ranking-Encounters-ebook/dp/
   B0DJP14JLH

6. https://www.amazon.com/JAMESES-Exchange-Testimony-High-Ranking-Encounters-ebook/dp/
   B0DJP14JLH

- **VIDNESBESKRIVELSE FRA EN AFRIKANSK EKS-SATANIST** - *Pastor JONAS LUKUNTU MPALA* (Paperback) — Køb her [7] | E-bog [8] på Amazon [9]

- *Greater Exploits 14* (Paperback) — Køb her [10] | E-bog [11] på Amazon [12]

---

7. https://shop.ingramspark.com/b/ 084?params=0Aj9Sze4cYoLM5OqWrD20kgknXQQqO5AZYXcWtoMqWN
8. https://www.amazon.com/TESTIMONY-African-EX-SATANIST-Pastor-Jonas-ebook/dp/ B0DJDLFKNR
9. https://www.amazon.com/TESTIMONY-African-EX-SATANIST-Pastor-Jonas-ebook/dp/ B0DJDLFKNR
10. https://shop.ingramspark.com/b/084?params=772LXinQn9nCWcgq572PDsqPjkTJmpgSqrp88b0qzKb
11. https://www.amazon.com/Greater-Exploits-MYSTERIOUS-Strategies-Countermeasures-ebook/dp/ B0CGHYPZ8V
12. https://www.amazon.com/Greater-Exploits-MYSTERIOUS-Strategies-Countermeasures-ebook/dp/ B0CGHYPZ8V

- *Ud af Djævelens Kedel* af John Ramirez — Fås på Amazon[13]
- *Han kom for at befri fangerne* af Rebecca Brown – Find på Amazon[14]

Andre bøger udgivet af forfatteren – Over 500 titler
Elsket, udvalgt og hel: En 30-dages rejse fra afvisning til **genoprettelse**
oversat til 40 sprog i verden
https://www.amazon.com/Loved-Chosen-Whole-Rejection-Restoration-ebook/dp/B0F9VSD8WL
https://shop.ingramspark.com/b/
084?params=xga0WR16muFUwCoeMUBHQ6HwYjddLGpugQHb3DVa5hE

---

13. https://www.amazon.com/Out-Devils-Cauldron-John-Ramirez/dp/0985604306

14. https://www.amazon.com/He-Came-Set-Captives-Free/dp/0883683239

I hans fodspor — En 40-dages WWJD-udfordring:
At leve som Jesus i virkelige historier rundt om i verden
https://www.amazon.com/His-Steps-Challenge-Real-Life-Stories-ebook/dp/B0FCYTL5MG
https://shop.ingramspark.com/b/084?params=DuNTWS59IbkvSKtGFbCbEFdv3Zg0FaITUEvlK49yLzB

JESUS VED DØREN:
40 hjerteskærende historier og himlens sidste advarsel til dagens kirker
https://www.amazon.com/dp/B0FDX31L9F
https://shop.ingramspark.com/b/
084?params=TpdA5j8WPvw83glJ12N1B3nf8LQte2a1lIEy32bHcGg

PAGTSLIV: 40 DAGES vandring i velsignelsen fra Femte Mosebog 28

- https://www.amazon.com/dp/B0FFJCLDB5

Historier fra rigtige mennesker, ægte lydighed og ægte
https://shop.ingramspark.com/b/
084?params=bH3pzfz1zdCOLpbs7tZYJNYgGcYfU32VMz3J3a4e2Qt

Transformation på over 20 sprog

AT KENDE HENDE OG AT KENDE HAM:
40 dage til helbredelse, forståelse og varig kærlighed

HTTPS://WWW.AMAZON.com/KNOWING-HER-HIM-Healing-Understanding-ebook/dp/B0FGC4V3D9[15]

https://shop.ingramspark.com/b/084?params=vC6KCLoI7Nnum24BVmBtSme9i6k59p3oynaZOY4B9Rd

FULDSTÆNDIG, IKKE KONKURRENCE:
En 40-dages rejse mod formål, enhed og samarbejde

---

15. https://www.amazon.com/KNOWING-HER-HIM-Healing-Understanding-ebook/dp/B0FGC4V3D9

HTTPS://SHOP.INGRAMSPARK.com/b/
084?params=5E4v1tHgeTqOOuEtfTYUzZDzLyXLee30cqYo0Ov9941[16]
https://www.amazon.com/COMPLETE-NOT-COMPETE-Journey-Collaboration-ebook/dp/B0FGGL1XSQ/

GUDDOMMELIG SUNDHEDSKODE - 40 daglige nøgler til at aktivere helbredelse gennem Guds ord og skabelse. Lås op for planters, bøns og profetiske handlingers helbredende kraft.

---

16. https://shop.ingramspark.com/b/084?params=5E4v1tHgeTqOOuEtfTYUzZDzLyXLee30cqYo0Ov9941

https://shop.ingramspark.com/b/
084?params=xkZMrYcEHnrJDhe1wuHHYixZDViiArCeJ6PbNMTbTux
https://www.amazon.com/dp/B0FHJT42TK

ANDRE BØGER KAN FINDES på forfattersiden
https://www.amazon.com/stores/Ambassador-Monday-O.-Ogbe/author/B07MSBPFNX

BILAG (1-6): RESSOURCER TIL AT OPRETHOLDE FRIHED OG DYBERE BEFRIELSE

BILAG 1: Bøn for at opdage skjult hekseri, okkulte praksisser eller mærkelige altre i kirken

"*Menneskesøn, ser du, hvad de gør i mørket...?*" - Ezekiel 8:12
"*Og hav ikke del i mørkets ufrugtbare gerninger, men afslør dem snarere.*" - Efeserbrevet 5:11

Bøn for skelneevne og afsløring:

Herre Jesus, åbn mine øjne, så jeg kan se, hvad du ser. Lad enhver fremmed ild, ethvert hemmeligt alter, enhver okkult operation, der gemmer sig bag prædikestole, kirkebænke eller praksis, blive afsløret. Fjern slørene. Afslør afgudsdyrkelse maskeret som tilbedelse, manipulation maskeret som profeti og perversion maskeret som nåde. Rens min lokale forsamling. Hvis jeg er en del af et kompromitteret fællesskab, så led mig i sikkerhed. Rejs rene altre. Rene hænder. Hellige hjerter. I Jesu navn. Amen.

BILAG 2: Medieafkalds- og udrensningsprotokol

"*Jeg sætter intet ondt for øjnene ...*" - Salme 101:3
Trin til at rense dit medieliv:

1. **Auditér** alt: film, musik, spil, bøger, platforme.
2. **Spørg:** Herliggør dette Gud? Åbner det døre til mørke (f.eks. rædsel, begær, hekseri, voldelig eller new age-temaer)?
3. **Giv afkald på** :

"Jeg giver afkald på enhver dæmonisk portal, der er åbnet gennem ugudelige medier. Jeg afbryder min sjæls bånd til berømtheder, skabere, karakterer og historier, der er blevet bemyndiget af fjenden."

1. **Slet og ødelæg** : Fjern indhold fysisk og digitalt.
2. **Erstat** med gudfrygtige alternativer — tilbedelse, lære, vidnesbyrd, sunde film.

BILAG 3: Frimureri, Kabbalah, Kundalini, Hekseri, Okkult Forsagelsesskrift

"**H**av intet at gøre med mørkets frugtesløse gerninger ..." - Efeserbrevet 5:11
   Sig højt:
I Jesu Kristi navn afsværger jeg enhver ed, ethvert ritual, ethvert symbol og enhver indvielse i ethvert hemmeligt selskab eller enhver okkult orden – bevidst eller ubevidst. Jeg afviser alle bånd til:

- **Frimureri** – Alle grader, symboler, blodeder, forbandelser og afgudsdyrkelse.
- **Kabbalah** – jødisk mystik, Zohar-læsninger, påkaldelser fra livets træ eller englemagi.
- **Kundalini** – Åbninger af det tredje øje, yoga-opvågninger, slangeild og chakra-justeringer.
- **Hekseri & New Age** – Astrologi, tarot, krystaller, måneritualer, sjælerejser, reiki, hvid eller sort magi.
- **Rosenkreuzerne, Illuminati, Kranie og knogler, Jesuit-eder, Druid-ordener, Satanisme, Spiritisme, Santeria, Voodoo, Wicca, Thelema, Gnosticisme, Egyptiske mysterier, Babylonske ritualer.**

Jeg ophæver enhver pagt indgået på mine vegne. Jeg afbryder alle bånd i min blodslinje, i mine drømme eller gennem sjælebånd. Jeg overgiver hele mit væsen til Herren Jesus Kristus - ånd, sjæl og krop. Lad enhver dæmonisk portal blive lukket permanent af Lammets blod. Lad mit navn blive renset fra ethvert mørkt register. Amen.

BILAG 4: Guide til aktivering af salveolie

"*Er nogen iblandt jer lidende? Lad ham bede. Er nogen iblandt jer syg? Lad dem kalde på de ældste ... og salve ham med olie i Herrens navn.*" - Jakob 5:13-14

Sådan bruger du salveolie til befrielse og herredømme:

- **Pande** : Fornyelse af sindet.
- **Ører** : At kunne opfatte Guds stemme.
- **Mave** : Renser sædet for følelser og ånd.
- **Fødder** : At vandre ind i guddommelig skæbne.
- **Døre/vinduer** : Lukning af åndelige porte og rensning af hjem.

Erklæring under salvelsen:

"Jeg helliggør dette rum og kar med Helligåndens olie. Ingen dæmon har lovlig adgang her. Lad Herrens herlighed bo på dette sted."

APPENDIKS 5: Forsagelse af det tredje øje og overnaturligt syn fra okkulte kilder

Sig højt:

"I Jesu Kristi navn afsværger jeg enhver åbning af mit tredje øje - hvad enten det er gennem traumer, yoga, astral rejse, psykedelika eller spirituel manipulation. Jeg beder Dig, Herre, om at lukke alle ulovlige portaler og forsegle dem med Jesu blod. Jeg frigiver enhver vision, indsigt eller overnaturlig evne, der ikke kom fra Helligånden. Lad enhver dæmonisk iagttager, astral projektor eller enhed, der overvåger mig, blive blindet og bundet i Jesu navn. Jeg vælger renhed frem for magt, intimitet frem for indsigt. Amen."

BILAG 6: Videoressourcer med vidnesbyrd til åndelig vækst

1) start fra 1,5 minutter - https://www.youtube.com/watch?v=CbFRdraValc

2) https://youtu.be/b6WBHacwN0k?si=ZUPHzhDVnn1PPIEG[1]
   3) https://youtu.be/XvcqdbEIO1M?si=GBlXg-cO-7f09cR[2]
   4) https://youtu.be/jSm4r5oEKjE?si=1Z0CPgA33S0Mfvyt
   5) https://youtu.be/B2VYQ2-5CQ8?si=9MPNQuA2f2rNtNMH
   6) https://youtu.be/MxY2gJzYO-U?si=tr6EMQ6kcKyjkYRs
   7) https://youtu.be/ZW0dJAsfJD8?si=Dz0b44I53W_Fz73A
   8) https://youtu.be/q6_xMzsj_WA?si=ZTotYKo6Xax9nCWK
   9) https://youtu.be/c2ioRBNriG8?si=JDwXwxhe3jZlej1U
   10) https://youtu.be/8PqGMMtbAyo?si=UqK_S_hiyJ7rEGz1
   11) https://youtu.be/rJXu4RkqvHQ?si=yaRAA_6KIxjm0eOX
   12) https://youtu.be/nS_Insp7i_Y?si=ASKLVs6iYdZToLKH
   13) https://youtu.be/-EU83j_eXac?si=-jG4StQOw7S0aNaL
   14) https://youtu.be/_r4Jyzs2EDk?si=tldAtKOB_3-J_j_C
   15) https://youtu.be/KiiUPLaV7xQ?si=I4x7aVmbgbrtXF_S
   16) https://youtu.be/68m037cPEu0?si=XpuyyEzGfK1qWYRt
   17) https://youtu.be/z4zlp9_aRQg?si=DR3lDYTt632E96a6
   18) https://youtube.com/shorts/H_90n-QZU5Q?si=uLPScVXm81DqU6ds

---

1. https://youtu.be/b6WBHAcwN0k?si=ZUPHzhDVnn1PPIEG
2.   https://youtu.be/XvcqdbEIO1M?si=GBlXg-c-O-7f09cR

SIDSTE ADVARSEL: Du kan ikke lege med dette

B efrielse er ikke underholdning. Det er krig.
Forsagelse uden omvendelse er bare støj. Nysgerrighed er ikke det samme som at kalde. Der er ting, man ikke kommer sig over tilfældigt.

Så beregn omkostningerne. Vandr i renhed. Bevogt dine porte.

Fordi dæmoner ikke respekterer støj - kun autoritet.

www.ingramcontent.com/pod-product-compliance
Lightning Source LLC
Chambersburg PA
CBHW050340010526
44119CB00049B/635